百海　正一 著

ケースメソッド・ティーチング

学 文 社

■ 　序　 ■

　本書は，ケース（事例）という教材を使って，どのように教えるか，に関する本である。過去，出版されているケースメソッド教授法に関する本は，アート・アンド・クラフト（Art and Craft）の内容が中心である，と思う。そこで，本書はオーソドックスで，そしてほんの少しサイエンス（a little Science）をめざしたものである。それゆえ，この本のタイトルは，「Casemethod Teaching，あるいは Teaching & Learning with Cases」に，サブ・タイトル「—The Art and Craft with a little Science—」と名づけたほうがよいかもしれない。

　筆者がケースメソッド教授法に関心をもったのは，スイスのビジネススクール・インターナショナル IMD（International Institute for Management Development）における体験にある。学生時代の生活は，文字通り朝から晩まで1日3ケースの予習，グループ討議，クラス討議，ケース・レポートの作成に追われる日々であった。この学習体験を通して，筆者は「ケースメソッド教授法（The Case Method of Instruction）」に強い関心をもち，その普及をライフワークとしている。

　なお，本書は，筆者が 2009 年『ケースメソッドによる学習（Learning from Case Studies）』（学文社）を出版したが，その続編である。

　ところで，教育学者マーチン・トロウ（Martin Trow）によれば，

　大学は，

　① 大学進学率が 15％以下の場合，「研究機関」，

　② 大学進学率が 15％を超えた場合，「大衆機関」，

　③ 大学進学率が 50％を超えた場合，「ユニバーサル化」としての役割が求められている。

　それゆえ，アメリカの大学だけでなく，日本の大学も「教育機関」としての役割，言い換えれば，大学のスタッフは研究だけでなく教師としての能力を，

教場で発揮することが求められている。そのためには，教員のためのFD（Faculty Development）プログラムの一つであるケースメソッド・セミナーへの参加が求められている。

本書は，以下の人たちを読書対象としている。

① ケースメソッド教授法（FDプログラム）に関心がある人，

② ケースと講義を組み合わせた授業を考えている人，

③ 講義形式のなかで，ケースを補助的に使うことを考えている人，

④ ケースメソッド教授法全体を，体系的に理解したいと考えている人，

⑤ ケースメソッド教育を検討しているが，討議を上手くリードできるか不安があるので，参考となる本を探している人たちである。

それゆえ，本書を読むことにより，以下の人たちは，ベネフィットが得られるだろう。

① 未経験者（含む，教員志望者）は，ケースメソッド教育，特に教育方法を理解し，その導入を検討できるようになる，

② ケース討議授業の経験がある人たち（例，ビジネススクール，教職系大学院大学など）のティーチング・スキルが向上する，

③ 民間企業や公企業の研修担当者（講師），および教育コンサルタントらは，ケース・ティーチング・プロセスを具体的に学ぶことができる，

④ 大学（教育学部）と大学院大学で，「教育方法論」の授業を担当している教員，および受講経験のある人（現職高校教員と大学教員）は，より円滑に授業を進めることができるようになる，

⑤ 学校関係者（含むFaculty Developmentプログラム担当者），教育行政に関わる人たち（学科主任・学科長）は，ケースメソッド授業への理解をより深めることができる。

また，上記対象者のみならず，専門職大学院大学で学習している人たちや，これから海外の専門職大学院で学ぼうと考えている人たちも，本書は学習の参考になる。

　なお，本書で扱う内容やケース教材はビジネス中心であるが，基本的な内容は，これ以外の教育対象分野でも有効である。

　さらに，これからこの本を読もうとする人は，学習者の立場で書かれた拙著『ケースメソッドによる学習 (Learning from Case Studies)』を合わせて読む，とさらに理解が深まる。

　最後に，読者のなかで，ケースメソッド・ティーチングを実践してみようと思う人には，

　①演習Ⅰ：「ケース」分析，「ケース・ティーチング・プラン」作成，

　②演習Ⅱ：「模擬授業」が必要になるだろう。

　もし，希望者がいる場合，筆者に連絡していただければ，なんらかの手助けができるだろう。

2022 年 10 月

百海　正一

◦ 目 次 ◦

6

第**1**章　ケースメソッドとは

　ケースメソッド教授法は，ドイツの法学教育，すなわち「判例（ケース）」を使った教育がルーツである。研究方法としての「事例研究（Case study）」は，19世紀後半，欧州の大学における「法学」「医学」などの分野で確立した[1]。当時，アメリカの大学は，まだアカデミック・クラブに入会したばかりの新参者で，ドイツの大学で学んだ法学研究者が帰国し，その成果である判例を使った教育を，ハーバード大学法学部の授業に導入したことに端を発している。

　やがて，1908年ハーバード大学ビジネススクール（Harvard Business School，以下HBS）が設立され，その10年後ビジネス教育にケース（事例）が使われるようになった。さらに，カナダのウエスタン・オンタリオ大学（The University of Western Ontario，以下UWO）もケース教育を採用し，現在両校が世界のケースメソッド教育のリーダーとなっている。

　日本では，日本生産性本部が1957（昭和32）年にノース・ウエスタン大学のマーケティング教員を招き，ケースメソッド・セミナーを開催したのが最初である[2]。ついで，1958（昭和33）年に慶應義塾大学がハーバード大学ビジネススクールによるケースメソッド・セミナーを伊豆川奈ホテルで開催した。参加者のなかには，後に日産自動車の社長となった石原俊（当時経理課長），日本生命弘世現などがいた[3]。

(1) ケースメソッド教授法

　ケースメソッド教授法（The Case Method of Instruction）は，HBSで発展し，世界各地に広く普及していった教育方法である。わが国では事例研究法とも称されており，2ページ程度の比較的短い事例から20ページ以上の長さにわたる事例に含まれる問題（イシューともいう）を分析することにより，解決策を

探求していく教育方法である。[4]

ケースメソッド教授法は，大きく 3 つの分野に分けられる。

① 「ケースメソッドによる学習（Learning from Case Studies，あるいは Learning with Cases)」は，学習者，教育者，ケースメソッドから学ぼうとする入門者向けである。[5]

② 「ケース・ティーチング（Teaching with Cases)」，あるいは「ケースメソッド・ティーチング（Casemethod Teaching)」は，ケース教材を使って授業を進めようとする教師（教育・研修担当者）向けである。[6]

③ 「ケース・ライティング（Case Writing)」は，ケース教材を作成しようとする作成者（ライター）向けである。作成者は，ケース作成の手順や，作成プロセスを理解しておくことが求められる。[7]

これら 3 つの分野は，図表 1.1 に見られるように相互に関連している。[8]

ケースの利用分野は，経営学[9]，教育学[10]，行政学[11]，教育行政学[12]，医学，介護学，

図表 1.1　ケースメソッド教授法—3 つの分野—

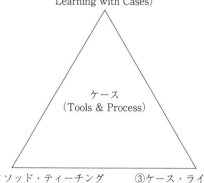

①ケースメソッドによる学習
（あるいは学習法）
(Learning from Case Studies,
Learning with Cases)

ケース
(Tools & Process)

②ケースメソッド・ティーチング　　　③ケース・ライティング
(Casemethod Teaching,　　　　　　(Case Writing)
Teaching with Cases)

出所：Erskine, James A., WACRA (Napier University, 2008) 資料を修正

農業学，海洋学[13]，国際関係論[14]，法学[15]，人間関係論，心理学，カウンセリング，経済学，数学，工学，西欧文明史，アート，生物学，一般科学，家族生活，社会福祉学，交渉学，コミュニケーション学，基督教教会[16]，歴史学（含，戦争史[17]）などである。

(2) ケース（教材）とはなにか

　通常，ケースには，経営管理者がおかれている具体的，かつ臨場的問題が記述されている。ビジネススクールで使われているケースは，基本的にはフィールド・ベース，すなわち，企業を直接訪問し，実地調査する手順を踏んで作成されたものが中心である[18]。

　言い換えれば，ケース教材の作成は，事例研究（Case study research）に分類されている質的研究手法に基づいている。それゆえ，アメリカでは研究論文と同等の評価を得ている。

　図表1.2（ケース・トライアングル）からケースは，①経営状況，②学習目標，③理論の合流点に位置づけされている[19]。

　ケース教材は，基本的には3つの視点，①経営状況，②学習目標，③理論

図表1.2　ケース・トライアングル

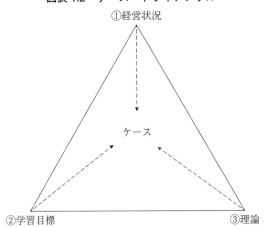

出所：Bhattacharyya, B.（2007：47）を修正

のいずれか，がきっかけになって作成される。

① 経営状況：教育対象領域における学習目標に沿ったケースが見つからな
　　　　　　かった場合，それが，ケース作成の動因となる。
② 学習目標：教師が，特定の学習目標，あるいは教育目的を達成するため
　　　　　　に適したケースが欲しいと思った場合，それがケース作成の
　　　　　　動因となる。
③ 理　　論：ケースに記述されている状況を分析するには，その分析や解
　　　　　　決に関する分野の理論，フレームワーク，テクニック（手法）
　　　　　　の理解と適用が学生に求められる。例えば，教師は，特定の
　　　　　　理論（含，フレームワーク）を駆使して経営問題を分析する能
　　　　　　力や，事件の背後に潜む問題を洞察する能力を涵養したいと
　　　　　　思うならば，それが，ケース作成の動因となる。

　いずれの視点をケース作成の出発点にするにせよ，一つの視点（例，経営状
況）と，他の視点との関係（学習目標・理論）を考慮する必要がある。後述す
るティーチング・ノート（Teaching Note）には，これら3つの視点間の関係が
明らかになる。

(3) なぜケースを使うのか

① ケースには，企業の実情，例えば，主人公が直面している状況（ジレンマ
　など）が記されている。
② ケースは，学習目標を達成するために作成されている。
③ ケースは，通常企業などに対する実地調査（フィールド・ベース）をもと
　に作成されている。
④ ケースに記されている時点で，主人公が意思決定に必要な情報（質的・量
　的）が含まれている。
⑤ マチュリテイの高い人（成人）は，ケースに記されている内容（現実の問

題）に強い興味と関心を示す。

⑥ 通常，ケースは紙の媒体に記されている。

⑦ ケースは，企業組織あるいはその役職者によって，公表（リリース）が認められたものである。

⑧ ケースに記されている内容は，企業情報の妥当性や，学問上の公平さ（Academic Honesty）が求められている。

(4) ケースメソッドと学習目標

さまざまな教育方法には，そのベースに教育理論がある。それらの教育理論を大別すると，次の2つに分類することができる。

一つは，いろいろな人たち，すなわち各分野の専門家が，研究した成果である知識や知見を伝達するのが教育である，という考えである。この方法は，特定分野に精通している専門家が体系的に教授するのに適した方法で，講義方式と呼ばれている。

もう一つの教育理論は，知識の獲得が目的ではなく，アクション（行動）できるようにすることが教育である，という考えである。知識を伝達する教育方法と比較して，考えることを教える教育方法は，その方法も未完成で，教育効果を測定する方法も確立されていない。しかしながら，ケースメソッド教授法は，知識の獲得ではなく，思考する能力（思考力）や判断する能力（判断力）の涵養を目的とし，その実際的な適用なのである。[20]

ところで，学習目標には，よく知られた「ブルームの分類」がある。ブルームは学習目標を，以下の6つの目標に分割している（図表1.3）。

講義方式は，図表1.3の第1段階から第3段階の学習目標に適している教育方法である。

第1段階の目標「知識」は，特定専門分野の知識を獲得することにある，

第2段階の目標「理解」は，理論・概念・フレームワークを理解する，別の言葉で言い換える，あるいは事例で表現できることにある，

第3段階の目標「適用」は，学習した理論・モデル（例，キャシュフローの

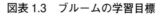

図表1.3　ブルームの学習目標

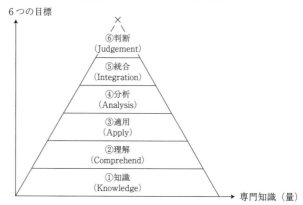

出所：百海正一（2009：19-25）
原典：Dolley, A. R. & Skinner, W. (1977) "Casing case Method", *Academy of Management Review*, No. 2, pp.277-287 を参考に作成

計算）・フレーム・ワーク（例，SWOT Analysis）などを適用する能力である。

　一方，ケースメソッド教授法は，図表1.3の第4段階から第6段階までの学習目標の達成に適した教育方法である，といわれている。

　第4段階の目標「分析」は，経営困難な状況に直面したとき，知識，コンセプト（諸概念）やツールを駆使して，諸問題（イシュー）を考え，分析する能力を養うことにある。

　第5段階の目標「統合（力）」は，複雑で非構造的な経営上の諸問題を総合的，あるいは統合的に分析し，新たな解決策を作成し，アクションする能力（問題解決力ともいう）を養うことにある。

　第6段階の目標「判断（力）」は，ケースメソッド教授法の学習目標は，知識（Knowledge）の開発にあるのではなく，ハーバード・ビジネススクールの理念を述べた 'An Era' という書物に，チャールズ I. グラッグが，"英知は教えられぬがゆえに（Because Wisdom can not be told）" と記されているように，知恵（Intelligence）の開発にある。[21]

　ところで，リマらは，ケースメソッド教授法には，以下のような特徴と限界がある，ことを指摘している[22]。

① ケースに記述されている問題は，ある意味限定された内容である。かりに，学生がお粗末な分析や，誤った決定を下しても，罰せられることはない。言い換えれば，学生は安全な立場で問題に取り組むことができる。

② 現実の管理者は，長期的，かつ根気よく組織内外の人脈を通して，仕事に必要な情報を収集している。おそらく，管理者は問題を発見し，解決に必要な情報を，企業内外の資料から探し出すことは簡単ではない。情報を収集する能力は，ケース・スタディ（事例研究）ではなかなか啓発できるものではない。

③ 多くのケースは，単一の問題（シングル・イシュー），あるいは複数の，かつ排他的な問題に焦点をあてている。言い換えれば，複雑な状況を単純化し，かつ脚色された状況で記述されている。それゆえ，単一の問題のケースを分析するには，効力のあるもので，教育的価値が高い。

④ ケースは，ある一時点における経営問題が記述されている。それゆえ，短期的な問題に取り組むことは可能かもしれないが，長期的な，あるいは根本的な問題に取り組むことは難しい。

⑤ 主人公とのインタビュー（プライマリー・データ）に基づいて作成されたケースには，インタビュアーのバイアスが含まれている可能性がある。

⑥ 一度，リリース（公表）されたケースは，更新が難しい。また，インターネットの時代にあって，ウエブ・ベースの「ディスタンス・ラーニング」への対応が不十分である。また，最近では，技術革新や，グローバル化の進展に伴い，作成したケース内容（コンテンツ）がすぐ古くなり，使えなくなる。

⑦ ケースメソッドには，教師，学生ともに多大な予習時間と知的作業が求められる。それゆえ，負担の大きいスタッフと学生は，ときには講義形式のほうが望ましい，と思うかもしれない。

⑧ ケースは，現実の世界を体験するわけではない。あくまでも，疑似体験であるから，組織内の微妙な人間関係や権力との関係を実感できるものではない。

⑨ 教室では，意思決定のプロセスに討議の焦点が絞られるが，実際の管理者は，時間の大半を机上の決定ではなく，決定した事項の実行に費やしている。

⑩ ヘンリー・ミンツバーグらは，過度のケース使用を批判している。むしろより現場に近い（グランデッド）教育をすすめている。[23)

⑪ 過去に起こった出来事をもとに作成されたケースではなく，現実の企業が直面している状況を作成して欲しい，という要望がある。

⑫ ケースの作成には時間も費用もかかる。そのうえケースに記されている内容の妥当性を検証するために，フィールド・テストが求められる。

⑬ ケースを使った教育は，そう簡単に導入できるものではない。教師には十分な教育訓練と，ティーチング・スキルが求められる。

⑭ ケースメソッド・ティーチングは，講義方式と比べて，きわめて非効率的な教育方法である。さらに，時間的に限られた教育領域しかカバーできない。

⑮ 時には，世間とかけ離れた内容がケースに記述されている場合がある。それに，ケースは断片的で，そして系統的に学習できるとは言い難い，という批判がある。[24)

　以上，いろいろな理由から，研究者，教育者のなかには，ケースメソッドと講義形式をミックスすべきである，という意見が多数を占めている。[25)

(5) 施設（教室）

　日本の殆どの教室は，講義方式を前提にしているため，以下のようなレイアウトになっている。特定の分野に精通した教師が，教壇に立って講義する，板書する。一方，学生は，教師が話した内容を聞き，板書した文字や記号をノー

トにとる，など受け身の立場に立たされる。

　また，学生が座っている位置が，教壇から遠ざかるにつれて，教師の話を聞き逃す，あるいは板書した文字が見えない，ことがある。

1.　講義方式に適した教室　教室例1

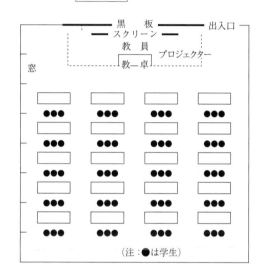

　（注：●は学生）

2.　ケースメソッド方式に適した教室

　これに対して，ケースメソッド方式は，

　　a）円卓型のレイアウト（省略）：ホテルなどの会議室で使用

　　b）コの字型，あるいはU字型教室

　　c）馬蹄形階段教室

がある。

16

教室例2 ロの字型のレイアウト　　教室例3 U字型教室のレイアウト

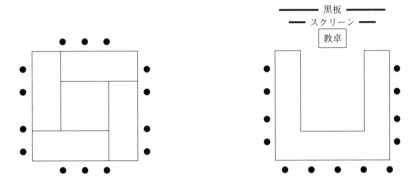

教室例4 3列のU字型（馬蹄形階段教室）レイアウト

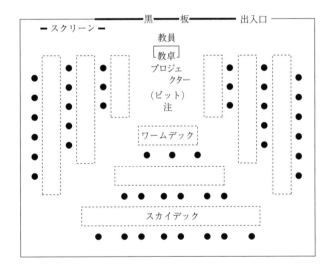

注：階段教室の低くなっている部分は"ピット"と呼ばれ，教師の舞台となる。また，学生たち
　の最前列の座席をワームデック（Warmdeck），最後列は，スカイデック（Skydeck）と呼ばれ
　る。また，スクリーンは黒板（3段式）と同じ中央部分か，出入口の反対側に設置されている
　ことが多い。なお，教室には窓はない。

(6) ケースメソッド教育における学生と教師の役割

教師と学生ともに，①授業前，②授業中，③授業後に行うタスクがある。

1) 学生が，学習するにあたり，以下の3つの段階がある。

① 授業前の学習

　　ケースの予習には，おおよそ2〜3時間かかる。これに，リーディング・アサインメント（読書課題）が加わる。それは，1ケースにつき2冊の文献（例，HBSレビューなど）と，教師が指定した教科書の1〜2章，あるいは指定した範囲を読んでくることが求められる。

② 授業中に，グループ討議（5〜6名より構成）と，クラス討議（最大90名より構成されるクラス）がある。学生は，クラス討議に積極的に加わることが期待される。

③ 授業後，ときにはレポートの提出が求められる。

　ところで，教師は学期のはじめ，学生にケースメソッドの「グランド・ルール」である4P（Punctuality, Present, Preparation, Participation）を伝えておく。
　すなわち，

a）時間を厳守する（授業は定刻に始まり，定刻に終わる）

b）毎回，授業に出席する

c）予習する（ケースを読み，自分なりの見解をもってクラスに臨む）

d）グループ討議，クラス討議に積極的に参加する，である[26]。

これに，

e）クラス討議を楽しむ（Pleasure），を加える人もいる。

2) 教師の役割：教師の一般的な役割は2つある[27]。

　第1に，教師と学生達との間に協力的でインフォーマルな関係を意識的に築き上げる，そしてその関係を維持することである。
　第2に，教育目的に沿って，活発な討議が行われるよう促進することである。

また，ジェイムス・エリスキーネは，教師の役割は，ａ）授業前，ｂ）授業中，ｃ）授業後に分類している。[28)]

ａ）授業前の準備には，いろいろあるが，

① 教育目的を明らかにする（教育目的の明確化）

② 教育目的に沿ったケース教材を選定する（ケースの選定）

③ 討議の開始点（エントリー・ポイント）を幾つかの選択肢から決定する，ことが含まれる。

④「ケース」を予習する。すなわち，授業前に学生と同じようにケースに記されているデータをもとに，ケース分析を行う。

⑤ ティーチング・ノート（Teaching Note，以下略して TN）を作成する。通常，日本のケースには，TN がついていない。この場合，必要があれば，ケース分析した結果をもとに，TN（後述）を作成する。

⑥ その後，クラス（ティーチング）・プラン（Class Teaching Plan，略してクラス・プラン）を作成する。

ｂ）授業中：

① クラス・プランをもとに，メイン・イシュー（主要な問題）に焦点をあてて討議を進める（クラス・プランの実践）。

② 教師自身の（口頭による）問いかけと対応に注意を払う。

③ 学生のコメント（発言内容）を探求する。

④ 仮説と，信ずべき根拠を探求する。学生の推論や断定の背後にある仮説を俎上に載せ，仮説の相違を探求する。

⑤ メイン・イシュー，あるいはテーマを中心に学生間の意見の不一致を明らかにする。

⑥ 学生が討議した結果を要約する。

⑦ 討議しているケース内容と，以前学習したケース内容とを結びつける。

⑧ 討議するテーマを越える領域へと拡大する。

⑨ 概念的なフレームワークを使って一般化する。

⑩ 討議の流れ（節目）を舵取りする。

⑪ 黒板・フリップチャートを活用する。

⑫ オーデイオ・ビジュアル機器や，パソコンを活用する。

c）授業後

① 授業（Class Plan）を振り返る（進め方，教材，改善すべき事項）。

② 学生の討議への貢献（Contribution）を評価する。

③ 学生へフィードバックする。

④ 教師自身の行動を振り返る。

図表 1.4　教師と学生の役割

	教師の役割	学生の役割
①授業前	学生の予習のため，ケースと読むべき資料をアサイン 授業の準備 クラス（ティーチング）プランの完成	ケースと読むべき資料（教材）を受領 配布されたケース・資料を読む グループ討議の準備をする
②授業中	アサインした資料に関して学生の質問に回答する 学生に問いかけ，学生の発言にコメントする，あるいは記録する 学生をファシリテイティングすることによりケース討議をリードする クラスにおける学習や思考を促すためにデータや理論を提供する ケース・プランを実行する	グループ討議に参加 アサインされた資料に関する疑問点を質問する クラス討論に参加する 同級生の発言に耳を傾ける，同級生の意見を共有する
③授業後	学生のクラス貢献を評価する ケース・ティーチング・プランを振り返る 教育目標を達成するケースおよび教材だったかを評価する ティーチング・ノートをアップデートする	クラス討議で学習したことをレビューする 学習したポイントをノートに記録する 時にはレポートの提出が求められる

出所：Erskine, James A. et al. (2003：100-115) を参考に作成

⑤ 次の授業にその経験を活用するため，ノートに書き残す。

図表 1.4 は，学生の役割と教師の役割を表したものである。

(7) ケースメソッド教授法の成功要因

ケースメソッド教育が成功するには，次の3条件が不可欠である（図表 1.5）。

第1に，良質な「① ケース」が入手可能であること

第2に，現実のビジネスを熟知している優れた「② 討議指導者（ディスカッション・リーダー）」が指導すること

第3に，学習意欲に満ち，ある程度実務経験をもった優秀な「③ 学生」による活発な討議が行われること，である。

しかしながら，この条件が常に満たされるとは限らない。また，討議が上手くいくかどうかは，その時々のクラスの「反応」にかかっている。それゆえ，すべてのケース討議授業が成功に終わるわけではない。講義型授業と比べて，討議型授業の成果ははるかに予測しにくいものである。[29]

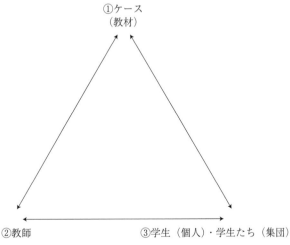

図表 1.5　成功要因

出所：Lynn Jr., Laurence E.（1999：44）を修正

注・引用文献

1) Lorange, Peter（2008）*Thought Leadership Meets Business*, Cambridge University Press.
2) HBS ハリー・ハンセン教授は，1958 年日本生産性本部主催のプログラム，マネジメント・セミナーに参加している。
3) 慶應義塾大学ビジネス・スクール（以下 KBS）の沿革は，ハリー・ハンセン教授，フランクリン・フォルツ教授による第 1 回 慶應・ハーバード高等経営学講座「Advanced Management Seminar by the Faculty members of Harvard Graduate School of Business Administration」に始まる。
   参加者例：石原俊（日産自動車課長），弘世現（日本生命）など約 60 名
   於：川奈ホテル，自 1959 年 8 月 29 日至 9 月 1 日
4) 川端大二・鈴木伸一編（1985）『研修用語事典』産業労働調査所：97 一部修正。
5) 百海正一（2009）『ケースメソッドによる学習』学文社。
6) 百海正一（2013）「日本経営学会関東部会」（於専修大学）報告資料。
7) 百海正一（2010）「日本経営学会全国大会報告資料」（於日本大学商学部）。
8) Erskine, James A.（2008）WACRA 報告時配布資料。
9) Wassermann, Selma（1994）*Introduction to Case Method Teaching*, Teachers College, Columbia University：3　その他。
10) 千葉大学教育学部「教員のためのケースメソッド教育」（2009）。
    Ramsden, Paul（2003）*Learning to teach in Higher Education, Second Edition*, Routledge Falmer.
11) Boehrer, John（1995）*How to teach a Case*, Kennedy School of Government Case Program, N18-95-12850, Harvard University.
    Stein, Harold（1952）*Public Administration and Policy Development: A case book*, Hartcourt, Brace.
12) Woods, Donald R.（1994）*Problem-Based Learning How to gain the most from PBL*.
    新道幸恵訳（2003）『判断能力を高める主体的学習』医学書院。
    矢野栄二・田宮菜奈子・山内泰子（2000）『ケースメソッドによる公衆衛生教育』南江堂。
13) 東京海洋大学（2010）「ケースメソッド授業ガイドブック東京海洋大学大学院『食品流通安全管理専攻』」東京海洋大学。
14) 毛利勝彦（1997）*Teaching International Affairs with cases*, Westview.
15) Ginsburg, Jane C.（1996）*Legal Methods: Cases and Materials*, Westbury, Foundation Press.
    Velenchik, Ann D.（1995）"The Case Method as a Strategy for Teaching Policy Analysis to Undergraduates," *Journal of Economic Education 26*（Winter）.

16）基督教教会のケースは，教会の人間関係，組織運営に関する内容である。

17）19世紀ドイツ参謀本部および陸軍大学校において「ケース」を使った教育が行われている。さらに，研修旅行（現地陸戦調査）も奨励された。また，ビジネスゲームは，戦争ゲームにルーツがある。
ゲルリッツ W. 著，守屋純訳（1998）『ドイツ参謀本部興亡史』学習研究社.

18）実地調査に基づいて収集されたデータを，プライマリー・データ（Primary data），また，公表されている各種データをセコンダリー・データ（Secondary data）という。本物のケースは，いずれかのデータに基づいて開発されたものをいう。
Yin, R. K. (1989) *Case Study Research Design and Methods, Forth Edition*, SAGE.
　　HBS 1997 年のケースリスト，ベストセラー 100 教材のうち 93 ケースの一つに「アーム・チェアー（Arm chair）」がある。この種のケースは，本物のケースとはいえないが，現にビジネススクールではほんの一部が使われている。
　　なお，残りの教材（7）は，研究ノートや解説書（例，"Basic Quantitative Analysis for Markeing, Case No. 9-585-149"）である。

19）Bhattacharyya, B. (2007) *Theory and Practice of Case method of Instruction* Excel Books：47.

20）村本芳郎（1997）『ケースメソッド経営教育論』文眞堂：pp.47-48, 119。

21）マルコム P. マクネアー編，慶應義塾大学ビジネス・スクール（以下，KBS）訳（1977）『ケース・メソッドの理論と実際―ハーバード・ビジネス・スクールの経営教育』東洋経済新報社：9, 119, 138。
Barnes, Louis B., C. Roland Christensen, Abbey J. Hansen (1994) *Teaching and the CASE METHOD, Third Edition*, HBS Press.
Gragg, Charles I., *Teachers also must learn*：15-22.

22）Lima, Marcos, Thierry Fabiani (2014) *Teaching with Cases-A framework-based approach*, Lima & Fabiani：86.

23）Minzberg, Henry (2004) *Managers not MBA*, Berrette-Koehler Publishers.（池村千秋訳（2006）『MBA が会社を滅ぼす』日経 BP）

24）Shulman, Judith H. (1992) *Case Methods in Teacher Education*, Teachers College Press：26-29.

25）Lynn Jr., Laurence E. (1999) *Teaching and Learning with Cases A guidebook*, Chatman House Publishers.

26）Shapiro, Benson P. (2005) *Hints for Case Teaching*, HBS (Harvard Business School) Publishing.
ジェイムス・エリスキーネは，4P にプラスクラス討議を楽しむ（Pleasure）を加えている。

27）Heath, John (1997) *Teaching and writing Case studies a practical guide*, ECCH (The European Case Clearing House), Cranfield Universirty.

McKeachie, Wilbert J. (1994) *Teaching Tips Ninth Edition*, D. C. Heath and Company : 21-28.

28) Erskine, James A., Michiel R. Leenders, Louise A. Mauffette-Leenders (2003) *Teaching with Cases, Third Edition*, Richard Ivey School of Business, The University of Western Ontario.

29) ディビッド W. ユーイング著, 茂木賢三郎訳 (1993)『ハーバードビジネス・スクールの経営教育』TBS ブリタニカ：43, 57, 66, 299-344。

第2章　事前計画 (Advanced Planning)

　この章では，授業を進めるためのプランについて触れる。

(1) 授業の計画

　ケース討議授業は，教師，学生，学生たち (peers) がケースという教材を介し，グループ討議，クラス討議を通して，お互いに知の協働作用を行っていく活動である。

　図表 2.1 は，① 教師，② 学生（個人）と，③ 学生たち（集団）がケースを中心にクラス討議する状況を表している。その中で，矢印（実線）の部分は，教師主導で，学生（個人）や学生たち（集団）に討議を進めていく状況を表してい

図表 2.1　ケース・トライアングル[1]

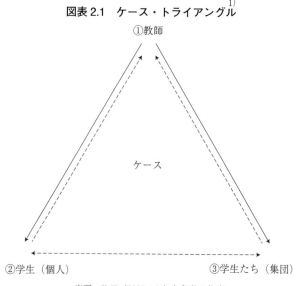

出所：IMD (2005：28) を参考に作成

る。また，矢印（点線）の部分，すなわち学生（個人）と学生たち（集団）との間や，学生（個人）と学生たちから教師へのコミュニケーションを表している。

ケース討議授業を進めていくには，念入りな事前計画が求められるが，バーバラ・デービスは，次の順序で行うことを推奨している（図表2.2）。[2]

第1段階：事前に授業を計画する（Doing advance planning）

　　　　↓

第2段階：クラス（ティーチング）・プラン，あるいはケース討議を組み立てる（Structuring the case experience）

　　　　↓

第3段階：（いくつかの案のなかから）クラス・プランを決める討議計画の決定（Making strategic decision）

第1段階は，「授業の計画」あるいは「授業の構想」ともいわれている。どの授業を担当する教師も，コース・プランを立案することが求められている。それらは，年間や半期別の「コース・プラン」，あるいは「全体の計画」と呼

図表 2.2　事前計画[3]

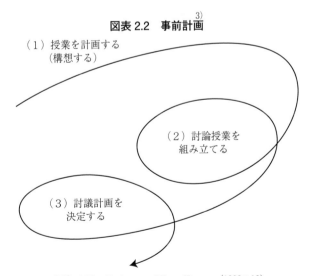

（1）授業を計画する
　　（構想する）

（2）討論授業を
　　組み立てる

（3）討議計画を
　　決定する

出所：Miller Barbara and Ilene Kantrov（1998：18）

ばれている。また，コース・プランをブレーク・ダウンした1時間ごとの授業計画（クラス・ティーチング・プラン，以下クラス・プラン）は，コース・プランの中で，その関連性を明確にしておくことが求められる。「授業計画」には，いくつかのタスクがある（図表2.2）。

(2) 検討すべき事項

　ケース討議授業に備える，あるいは授業を準備するには，いくつかの検討すべき事項がある。学期の始まる前，準備に必要な事項を一つひとつメモ用紙（付箋紙）に記し，各カテゴリー別に分類し，QCの手法である特性要因図に表してみれば，ミスを少しは防止できるだろう（図表2.3）。

　準備すべき事項を，4M（① Material，② Man，③ Method，④ Machine & Facilities，⑤ Others（含む Management））のカテゴリーに分類する。

① 教材（Material）
　ケース，教科書，視聴覚教材，副読本（論文）など
② 人（Man）
　参加者と名簿（経歴），ゲスト・スピーカーなど
③ 教育手法（Method）
　ケースメソッド，ロールプレイ，講義，プレゼンテーション，プロジェクト，ケース・レポート，ゲーム・トレーニングなど

図表2.3　準備すべき事項[4]

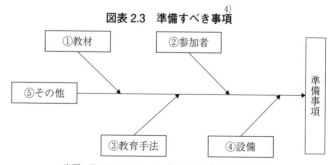

出所：Erskine, James A.（2003：172）を参考に作成

④ 施設（Machine & Facilities）

　階段教室，視聴覚器具，小会議室，可動式椅子，PC，フリップ・チャート，黒板，空調

⑤ その他（Others & Management）

　大学のミッション，教育方針，カリキュラム編成，組織風土など，があげられる。

事前計画（アドバーンスト・プランニング）を立案する際，バーバラ＆イレーネは，

① 参加者を知る，

② ケースを知る，そして選定する，

③ ゴールを設定する，

④ ケースの理解に必要な用語や，テキスト（教材）を選定する，

という 4 つのステップを提案している。

① 参加者を知る

　どのような参加者が授業に参加をするか，を知るためにはいろいろな方法がある。まず，多くのスクールでは，得られた情報ををもとに作成された「個人カード」が，担当教員に渡される。

　個人カードには，以下の情報が含まれている。

　a）個人カード

　個人カードには，

（1）写真一葉，（2）名前（Mr, Ms），

（3）結婚（有・無），（4）結婚・子供の有無，

（5）年齢・生年月日，（6）卒業後の興味・関心ある分野，

（7）MBA プログラム応募理由，

（8）国際経験の有無（国籍・ビザ・教育歴とロケーション・実務歴とロケーション・海外渡航歴・使用言語〔第 1 言語・第 2 言語・第 3 言語〕），

（9）企業名（現勤務先），

(10) ポジション・役職,

(11) 実務経験歴,

(12) 教育歴,

(13) 連絡先, などの記入項目がある[4]。

　このカードから, 参加者 (あるいは学生) の人物像, 興味・関心, 職務経験と職務遂行能力, 職業観, 価値観などの情報が得られる。それゆえ, 参加者個人の属性や特徴に配慮した参加者計画の作成に参考になる。

　b) シート・プレート (シート・カード) や, ネーム・タグ

　参加者を識別するためにシート・プレートや, ネーム・タグが, 一般的に使われている (図表2.4)。「シート・プレート」は, 教室の座席に置かれ, 他の参加者や教師から参加者の名前や所属を識別するために使われる。また, 「ネーム・タグ」も, 同様に参加者名と組織名の入ったネーム・タグが使われる。

図表2.4　サンプル1　サンプル2

出所：筆者が2003年 HBS ケースメソッド・セミナー (The Art & Craft of Discussion Leadership) に参加したときのシート・プレート (サンプル1) とネーム・タグ (サンプル2), Louis B. Barnes 教授担当

c）シートレイアウト（Sheet Layout）

シートレイアウトには，参加者を識別するために参加者名が記してある（図表2.5）。

図表2.5　シートレイアウト

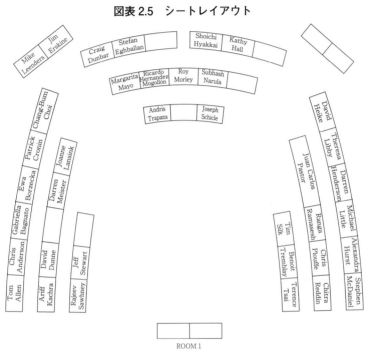

ROOM 1

出所：筆者が1998年参加した Case Workshop（UWO）における
シートレイアウト，James A. Erskine 教授担当

② ケースを知る

通常，ケースの選定は，学期の始まる前，すなわちコース・プランあるいはコース・デザインの際に行う（後述）。ケース選定は，次のステップで行う。

a）ケースを知る：

いろいろなケース・リスト（後述）や，テキスト（テキスト＆ケース）のなかから授業に必要なケース（教科内容に合致する）かどうか，また，ケースに

ティーチング・ノート（Teaching Note）が備わっているか，をチェックする。

b）ケースを選定する

ケース・センター（後述）から取り寄せたケースを読み，どのような目的で書かれているか，コースに沿った内容か，教育的価値のある教材か，という視点で，ケースをチェックし，選定する。

c）ケースを分析する

ケースを，自分なりに分析し，必要ならば，ティーチング・ノートを作成する。

③ ゴールを設定する：

ケースを使って，どのような教育を行うかを考え，学習目標（ゴール）を設定する。

④ 補助教材を選定する

ケース内容（コンテンツ）の理解に必要な専門用語をチェックし，必要があれば，補助教材（テキストや副読本）を選定する。

(3) ティーチング・ノート

ここで，ティーチング・ノートについて概説しよう。ティーチング・ノート（Teaching Note，以下 TN）は，学術用語では，インストラクターズ・マニュアル（Instructor's Manual）と呼ばれている。ノートは，ケースを使う教員向けに記された教材である。ティーチング・ノートは教員のみが入手可能な教材であり，そして学生の目に触れない，あるいは手に届かないよう保管すべき教材である。最初のノートは，ケース作成に関わってきたライター（開発者）によって記されている。ただし，初期の時代のケース（例えば，「ダッシュマン・カンパニー」）には，TN は用意されていない。

一方，学術団体 NACRA（North American Case Research Association）では，会員（含 ケース・ライター）に，ティーチング・ノートには，以下の項目が含まれるべきである，と規定している。

図表 2.6　NACRA による TN 記入項目 [5]

---

① ケースの要約：ケース（内容）を数行程度で記述する。

② 対象となる授業科目と対象者：授業科目におけるポジション，カバーするトピックスと，教育目的を記述する。
　例，対象者は，経営大学院の学生，を想定している。
　教師が授業科目，あるいはケース内容に関連する分野で使う理論や，リーディング・マテリアル（テキスト・ジャーナル）について触れる。

③ 設問：ケースの予習に必要な設問をアサインする。その設問は，優秀な学生のみが気づくかもしれないポイントにハイライトさせるべきである。

④ クラス（ティーチング）・プラン：このなかには，予想される討議の流れ，キーとなる問い，ロールプレイ，オーディオ・ビジュアル機器の使用，クラスで配布する教材や資料が含まれる。

⑤ ケース開発に必要な情報収集を採用したリサーチ手法や，ケースを仮装（disguise）した場合と，その程度に言及する。

⑥ もし，可能であるならば，実際に決定が行われた場合，エピローグあるいはフォローアップ，その後の出来事や事実について触れる。

出所：Lew G. Browan, ed. (2007) *"Editorial Policy", Case Research Journal*,
Vol.26, Summer/Fall 2006 引用
注：筆者（会員）が編集方針を翻訳したものである。

　ここで，NACRA（および WACRA）の方針に基づいて作成されたティーチング・ノート例を示そう。

図表 2.7　ティーチング・ノート例

ケース「Nestle Japan」[6]

① 要約：ネスレ・ジャパンは，199x 年，日本市場にシリアル食品（RTE＝Ready To Eat）を導入した。その数年後，同社の苦闘する状況が記述されている。
② 教育目的：
　　a）現製品ラインに新製品を追加した場合，その結果を予測する能力
　　b）いろいろなデータ・ソースをもとに競争企業を評価する能力
　　c）市場調査レポートを読み取る能力，収集したデータやその手法を評価する能力

```
    d) 日本における競争環境を評価する能力, を養う。
③ 前提履修科目：経営戦略, マーケティング・マネジメント
④ 対象とする参加者：MBA 学生, 社会人
⑤ 設問1：シリアル市場の状況を説明しなさい。
         そして, この市場にどのような企業が参入してきたか？その理由はなにか。
  設問2：シリアル製品購入の購買者層と購買動機について説明しなさい。
  設問3：ネスレ・ジャパンの強み・弱みはなにか。
  設問4：ネスレ・ジャパンには, 以下の選択肢がある, と仮定する。
         a) RTE のプライス・カットとセール費用の増加
         b) 当初ターゲットとする市場からスイッチする
         c) 新 RTE 商品を導入する
         d) 本業 (コーヒー) に注力する
         e) 上記以外の選択肢があれば, 代替案をあげなさい。どの案をリコメンドす
           るか？その理由は？
⑥ クラス・プラン：(後述)     …… (省略) ……
⑦ エピローグ：その後の出来事 (配布資料)
⑧ その他：教育上のサジェスチョン, ティーチング・エイド
⑨ 教科書：例, Kotler, P. "Marketing Management", PH
⑩ ケース作成者：Shoichi Hyakkai
```

　ティーチング・ノートに, 特に決まったフォーマットはないが, ジェイムス・
エリスキーネら (2003) のサジェスチョンをもとに, ティーチング・ノートを
一般化した例を紹介する。

図表2.8　ティーチング・ノート

```
① ケースのタイトル：(省略)
② ケースの要約：2 ないし 3 行程度の範囲で記述する。
③ 教育目的：教育目的を記述する。
④ 短期的に解決すべき問題 (Immediate Issue)：
  例, 主人公のキーとなる関心事や, 主要問題を記述する。なお, ケースの主人公が直
    面している諸問題 (決定, 懸念, 挑戦, 機会) を短期的に解決すべき問題という。
⑤ 基本的な問題 (Basic Issue)：
  コース・デザインの際, なぜ, 当該ケースを選択したか, その理由に触れる。
  基本的な, あるいは根本的な問題は, コースのトピックスや, ケース内容に沿った教
  材 (理論, コンセプト) に示される。
⑥ リーディング (追加する教材)：ケース内容に沿った教科書, 副読本 (文献など), ある
  いはその他教材が含まれる (読書課題としてアサインされる)。
```

⑦ ティーチング・エイド：ケース討議に現実味をもたらす，そして討議を活発にするためのサンプル・写真・新聞・雑誌・論文・株主への報告書，ビデオ教材，パソコン・ソフトが含まれる。

⑧ 学生へのアサインメント：個々の授業に関する宿題，授業前にケースに関する設問，教科書の特定の章や副読本（文献）が指定される。

　なお，宿題は，教育目的や教師の期待が反映されたものである。

　ここで，標準的な設問例をあげる。

　例1　もしあなたが主人公だとしたら，おかれている状況をどのように分析しますか？

　例2　主人公はどのような決定を下しますか？その根拠は？

　例3　あなたのアクション・プランは？

　例4　あなたは，上司にどのような提案をしますか？

⑨ 実際のクラス討議で使われる，あるいは考えられる問いを列挙する。

　この問いは，設問と異なり，クラス討議を活発にするための問いである。

　また，クラス討議が進展しない場合，あるいは討議の流れを変えるほうが望ましい場合の方策について触れる。

⑩ ケース分析：教師は，クラス終了時点で，学生がコースに関連する理論や，コンセプトのマスターを求めている。それゆえ，ケース分析のなかで，これらを理解し，駆使しているかどうか，も評価の対象となる。

⑪ 追加すべき項目：教師が，当初目標としていた討議領域をさらに広げたいと思うことがある。

　例えば，授業科目の学習内容と，他の授業科目の学習内容とを比較し，討議させたい領域，時間の関係で討議されなかったテーマ，クラス終了後も学生に熟考させたい，と思った事柄があれば，ティーチング・ノートに記述する。

⑫ 教育上示唆すべき事項（ティーチング・サジェスチョン）：ケース作成者，あるいはケース使用した教師が，本ケースを使用する教師に対して，なんらかの教育上の助言があれば，触れる。

　例えば，ケース「Nestle Japan」を使う際，参加者のなかに日本人がいる場合，事の顛末を知っている可能性がある。この場合，教師は研究室に該当する（可能性のある）学生を呼び，クラス討議中の発言に関する事項，"しばらくの間，討議中発言を控えるよう"申し入れる。

⑬ ケース・ティーチング・プラン（後述）：教師が準備すべき4つの事項，① 議題，② 時間，③ 参加計画，④ 板書計画などがある。

出所：NACRA規定，Erskine J. (2003：74) を参考に筆者作成

(4) ケース分析（前述のブレーク・ダウン）

　もし，教師が海外のケースを使う場合，多くのケースにはティーチング・ノートがついている。また，あったとしても不十分なノートもある。ただし，古い

34

時代に作成されたケースには，ノートがついていない。また，日本で開発され
たケースにもほとんどノートがついていない。かりに，あったとしても不十分
なものである。

a）ティーチング・ノートがある場合，教師は授業の準備のために，これら
　　ノートを参考にして，教師個人用のティーチング・ノート，ついで，ク
　　ラス（ティーチング）・プランを作成することが可能になる。
b）ティーチング・ノートがない場合，教師は学生と同じようにケースを熟
　　読し，ケースを分析する。そして，その知的作業の結果をもとにティー
　　チング・ノートを作成する。その際，主要な問題（メイン・イシュー）
　　にフレームワークや，ツールを使う方法，問題を分解する方法，図式化
　　する方法，半構造化する方法が参考になる。

以下の図表 2.9 は，一般的な「ケース分析のアプローチ」を示している。[7]

図表 2.9　ケース分析のアプローチ

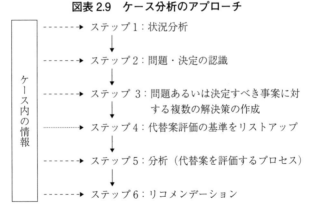

出所：Cravens, David W., Charles W. Lamb, Jr. (1983：99)

1）ケース分析　例1

　次のケースは，わずか2ページのケースであるが，世界で最もよく知られている。

ケース「DX社」[8]

概要：

　DX社マンソン社長は，新たに購買担当副社長の職位を設け，この分野に精通したポスト氏を外部から雇用した。

　そして，社内事情に詳しいラーソン氏を補佐役に任命した。

　ポスト氏は，複数の工場購買担当者に対して，新しい購買手続き（＄xx,xxx）を越える購買契約に関する手紙を送付した。

　各工場担当者から「協力する」という返事が送られてきたが，数週間経過しても，本社になんの連絡もなかった。

出所：Lawrence, Paul R., Lois B. Barnes, Jay W. Lorch（1976：3-4）を参考に作成

　このケース「DX社」を，ある研究者がマッピングによる手法で，ケースを整理した結果を表したものである（図表2.10）。

　経営状況をマッピング，あるいは図式化することにより，参加者は問題の構造を容易に把握することができる。それゆえ，図示化は討議を活発に進めていくうえで，極めて有効な方法である。

　ここで，ケース分析に際し，若干補足しておこう。ケースには幾つかの主要論点，問題が含まれている。

　KT（ケプナー・トレゴー）法によれば，

図表 2.10　マッピング例[10)]

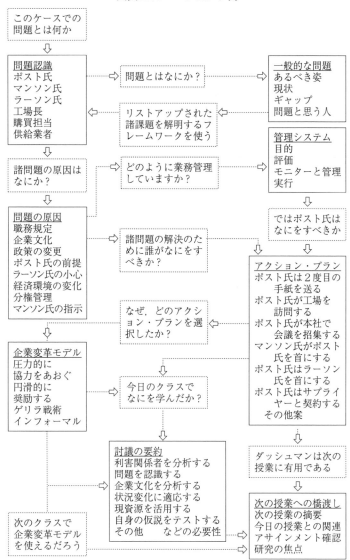

出所：Clawsom, J. G. & Sherwood C. Frey, Jr.（1993：77）

①「問題とは，あるべき姿（目標）と実際の姿（現状）のギャップであり，解決すべき事柄である」と定義している（図表2.11）。

図表2.11

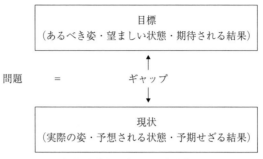

出所：佐藤允一（1977：46）を修正

②問題は当事者（例，社長，主人公，購買担当者）によって異なることである（図表2.12）。

図表2.12

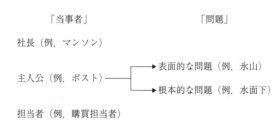

出所：佐藤允一（1977）『問題の構造学』p.52を参考に作成

③ また，当事者（例，購買担当者）によって，目標（例，購買金額）と制約条件（例，職務権限）は異なることである。

図表 2.13

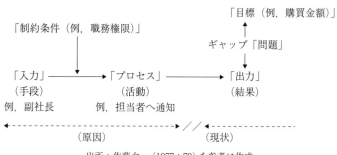

出所：佐藤允一（1977：79）を参考に作成

図表 2.13 では，当事者（副社長）の立場で，職務権限（制約条件）に基づいて工場購買担当者へ購買金額（目標）を提示した文を送付している状況を表したものである。ここで，制約条件とは，目標を達成しようとする場合，制約となる条件のことである。このように図式化することにより，ケースに記されている問題を分析し，解くということは，その問題の論理構造を解明することなしには，不可能である。[11]

問題解決が，目先の問題の処理ではなく，問題を解く，あるいは解決策を策定するとすれば，問題の構造を論理的に解明できるスキルを学生は身につけなければならない。ケースは文章，図表，資料などで構成されており，問題の構造化をはかるには，以下のような ① 記述モデル，② 図式モデル，③ ツールや数理モデルを使えば，ケース分析の手助けになる（図表 2.14）。

① 記述モデル：ロジック・ツリー（原因分析，選択肢の整理）[12]

　　　　　　　イシュー・ツリー（論点の整理）

② 図式モデル：マッピング

　　　　　　　システム・チャート

③ ツールや数理モデル：

デシジョン・ツリー（決定の選択肢の整理）

価値の木（バリュー・ツリー）（目的の明確化）[13]

輸送問題など数理モデルによる解法，がある。

　さらに，これらのモデルを使って，問題や原因を整理し，対応策（当面策）や，その背後に潜む根本策を策定しやすくなる。

図表 2.14

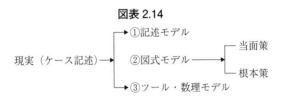

（問題・原因をモデル表示）（対策）

出所：佐藤允一（1992：71）を修正

2) ケース分析　例 2

　前述のケース「DX 社」と同様にケース・ティーチング・ノートが入手不可能な場合，教師は学生と同様に，ケースを熟読し，その要点を整理し，自身の見解（教師としての立場で）を加えて，その教育目的，設問（次章）などを作成しなければならない。

　ステップ 1：次のケース「ゼロックスと富士ゼロックス」を一読し，その概観を把握する作業に入る。

ケース「ゼロックスと富士ゼロックス」[14]

　ケース「ゼロックスと富士ゼロックス」はどのような構成で書かれているか，その概要を把握するために「サブ・タイトル」と資料を列挙する。

　a）Xerox' International Expansion

　b）The establishment of Fuji Xerox

　c）The development of Fuji Xerox's capablities

　d）Prodct Development at Fuji Xerox

---

e) Mushrooming Competition
f) Fuji Xerox's TQC Movement
g) Xerox's Lost Decade
h) New Competition High and Low
i) Xerox's Stagnation
j) Courtroom Battles
k) Adjusting the relationship between Xerox & Fuji Xerox
l) Turning around Xerox
m) Xerox & Fuji Xerox in the 1990s
　　　—The Canon Challenge
n) The Fuji Xerox Challenge
o) The Management Challenge

資料1：1968-1989 間の両社の成長
資料2：1975-1985 間世界におけるコピー・ベンダーの売上
資料3：ゼロックスと主要競争企業の各セグメントにおける売上（単位表示）とマーケット・
　　　シェアー
資料4：ゼロックスと富士ゼロックスにおける主な合意事項
資料5：両社のフィナンシャル・データ
資料6：1989 年グローバル市場におけるゼロックス・グループとキヤノン
資料7：富士ゼロックスのキーとなる財務データ
資料8〜10：…以下略…
資料11：両社の関係をどう再構築していくかの，選択肢が表示されている。

出所：Yoffie, David B.（1994：261-290）より作成

　ケース「サブ・タイトル」から，ゼロックス（本社）の海外市場戦略，富士
フイルム社との合弁会社富士ゼロックス社の設立と，その後の市場環境の変化
（海外市場の拡大，競争の激化，キヤノンの台頭）と，両社間の関係が記述さ
れている。

ステップ2：次に，ケース（ティーチング・ノート）の要約と概要を記述する。

要約：
　ゼロックス社と富士ゼロックス社（富士写真フイルム社との合弁会社）の 30 年に渡る
関係と歴史が記されている。
概要：

ケースは，
1) ゼロックス社の国際市場における拡大（含む 1962 年合弁会社である富士ゼロックス社の設立）
2) 富士ゼロックス社の発展とコピー業界における競争激化
3) 1970 年代におけるゼロックス社の停滞（コピー事業，オフィス・オートメーション事業の競争，特許問題）
4) 1980 年代におけるゼロックス社と富士ゼロックス社との関係を見直す動き（コラボレーション）
5) 1990 年代における両社が直面する状況，が記されている

ステップ 3：ケース・コンテンツから，全体の教育目的と，ブレーク・ダウンしたサブ目的を考える。

　教師の立場から，思いついた要点を列挙する。

1) 本社（USA）と，富士ゼロックス（パートナー）との提携をどのように評価したらよいか？ そして，その成功要因（Key Factors for Success）はなにか？
2) 企業の海外進出策には，単独進出，提携，資本参加，合弁，買収などの選択肢がある。[15] 両社（ゼロックス USA，ランク・ゼロックス UK）と富士フイルム社との関係，最初は 51％-49％の出資（従属）関係から，ついで 50％-50％の出資（対等）へ変化している。その違いは，その後の企業提携（コラボレーション）にどのような影響を与えたか？
3) ゼロックス本社のグローバル戦略と実行に関する事項と，ローカル企業（富士ゼロックス社）の事業領域（自主性をもった製品開発，海外市場開拓）をどう再構築していくか？
4) ゼロックス本社と富士ゼロックス社の機能別分野（製品開発，マーケティング，研究開発）での提携はうまくいくだろうか？
　…以下略…

ステップ 4：教育目的を考える。

　目的は，グローバル化をはかるゼロックス（USA）と，ローカル企業（富士ゼロックス）との提携と，そのマネジメントについて学習する。
　次に，上記教育目的を達成するために，サブ目的に分解する。
1) ゼロックス（USA）と富士ゼロックスとの業績を評価する。そして，その成功要因（KFS）はなにか。
2) 本社（USA）のグローバル化戦略と，ローカル企業（富士ゼロックス）の戦略との違いが生じることがある。そのコンフリクトをどのように解決するか？
　コンフリクトとは，本社主導か，ローカル企業の自主性をどの程度尊重するか，どう

調整するか，に関するものである。
3) 外的環境（海外市場の成長と技術革新）と競争環境（日系企業の参入）の激化に伴い，パートナー（合弁会社）との関係を再構築していくか，を学習する。
4) …以下略…

ステップ5：設問を考える。

設問：
　上記教育目的に沿って，幾つかの設問を考える。
例a）：ゼロックス本社のグローバル展開に際して，富士ゼロックス社はどのような役割を果たしたか？
例b）：（1990年まで）富士ゼロックス社は成功しているといえるか？また，その業績をどう評価するか？
例c）：この提携（ゼロックス・富士ゼロックス）の成功要因はなにか？また，この成功要因は今後も続くか？
例d）　……以下　略……

読書課題：
　白海正一（1996）「研究ノート　企業買収による海外進出―1970年後半 1980年前半に見る」神奈川大学経済貿易研究所『経済貿易研究』No.22
……　以下，続く。

　以上のケース分析，大意を把握し，教育目的のための項目を考える。設問を考えるプロセスを，試行錯誤しながら，ケース・ティーチング・ノート（TN）やクラス（ティーチング）プランの作成（次の章）へ進む。

注・引用文献

1) IMD (2005) *Mastering Executive Education-How to Combine Content with Context and Emotion The IMD guide*, FT Prentice Hall：28.
　「大人の学習理論」によれば，学習は「①教育者である教師」，「②個人の学習者」，そして「③学習者の同僚たち」との3方向のプロセスから生じる」という。「①教師」，「②学習者個人」，「③学習者たち」間の「知識」，「経験」と「学習」の流れ（→←）は多方向であり，かつ相互に促進される。これら3者間のダイナミクスが学習経験のドライビング・フォースとなる。
2) Davis, Barbara Gross (1993) *Tools for Teaching*, Jossey Bass：18.

3) Miller, Barbara and Ilene kantorov (1998) *A guide to Facilitating cases in education*, Heineman：18-20.
4) Erskine, James A., Michiel R. Leenders. Louise A. Mauffette-Leenders (2003) *Teaching with Cases, Third Edition*, Richard Ivey School of Business, The University of Western Ontario：30, 33, 74-81.
   Erskine, James, A. (1981)：37.
5) Browan, Lew G. ed. (2007) "Editorial Policy", *Case Research Journal*, Vol.26, Summer/Fall 2006 引用。
   WACRA (World Association for Case method Research & Association) もほぼ同じ規定である。筆者も会員である。
6) 英文のケースは, 筆者が 1995 年, WACRA, Warsaw School of Economics で報告したものである。
7) Cravens, David W., Charles W. Lamb, Jr. (1983) *Strategic Marketing Management Cases, Forth Edition*, Irwin：99.
8) Lawrence, Paul R., Louis B. Barnes, Jay W. Lorch (1976) *Organizational Behavior and Administration- Case and Readings*, Richard D. Irwin：3-4.
   Case, "Dashman Co", HBS Case No.9-642-001.
9) 今井繁之 (1997)『意思決定の思考法』日本実業出版社。
   Kepner, C. H. & B. B. Tregoe (1965) *The Rational Manager: A Systematic Approach to Problem Solving And Decision Making*, Macgraw Hill.
10) Clawson, J. G. & Sherwood C. Frey, Jr. (1993) Mapping case Pedagogy, edited by Charles M. Vance, *Mastering Management Education*, SAGE：77.
11) 佐藤允一 (1977)『問題の構造学』ダイヤモンド社：70。
   Hyakkai, Shoichi & Sato Inichi (1998) *Structuring Problems*, WACRA (ESC Marseille) 報告資料。
   Hyakkai, Shoichi (1999) *Structuring Problems*, 神奈川大学経済貿易研究所年報 No.25。
12) 一色正彦・田上正範・佐藤裕一 (2013)『理系のための交渉学入門』東京大学出版会：36。
13) 藤田忠監修, 日本交渉学会編 (2003)『交渉ハンドブック―理論・実践・教養』東洋経済新報社：14。
14) Yoffie, David B., Benjyamin Gomets-Casseres (1994) *International Trade and Competition Cases and Notes in Strategy and Management Second Edition*, Mcgraw-Hill.
   テキストは,
   ① Theories of International Trade.
   ② Competitive Advantage and Industry Structure.

③ Competitive Advantage and Corporate Strategy.

④ Intermediation and International Trade.

⑤ Alliance in International Competition.

　Case, *Xerox and Fuji Zerox*, HBS case No. 9-391-156, 264-290 に収録されて
　　いる。

⑥ The Political Economy of Trade Policy.

⑦ Trade Policy and Corporate Strategy.

⑧ Industrial Policy and International Competition.

　より構成されている。

15) 百海正一（1996）『研究ノート　企業買収による海外進出─ 1970 年後半 1980 年
　前半に見る』経済貿易研究所年報，No.22，神奈川大学経済貿易研究所。

第**3**章　**クラス・プラン**

　前章で触れたティーチング・ノートを参考にして，クラス・プラン，その概要（アウトライン）を作成する。

(1) 考慮すべき事項
　クラス・プランを立てるに際し，L.リン教授は[1]，3つの考慮すべき事項をあげている。

　「考慮すべき事項」は，
a）コンテンツ・マネジメント；教育目的を達成するために，必要なコンテンツ（本質的なイシュー）を十分カバーしているか，
b）タイム・マネジメント：ケース，教科書，補助教材を予習するのに必要な時間を，配慮しているか，
c）学習効果；実際のケース討論を通して，学生はどの程度リッチな学習体験が得られるか，である。

(2) クラス・プラン
　前章で作成したTNノートを参考にして，クラス・プランを考える。J.エリスキーネ教授[2]によれば，クラス・プランは4つの分野に分類できるという。
　主な項目は，1）アジェンダ，2）タイム・プラン，3）参加計画，4）板書計画である（図表3.1）。

図表 3.1　クラス・プラン

```
1）アジェンダ（協議事項）
　a　序
　b　前の授業の振り返り，次のクラスへの連絡事項
　c　質疑応答，コメント
　d　読書課題
　e　ケース討議
　f　ティーチング・エイド（補助教材）
　g　設問
　h　終結（クロージング）
2）タイム・プラン
3）参加計画
4）ボード・プラン（板書計画）
```

出所：Erskine, James A.（2003：74）を修正

1）アジェンダ（Agenda）

協議事項は，8つの項目から構成される。

a）授業開始：授業を開始するにあたり，最低限すべきことに挨拶がある。単純には，"おはよう"と挨拶することからスタートする。最初の授業の場合，学生は緊張していることが多い。

　そこで，教師は学生の気持ちをほぐす（アイス・ブレーク）ため，自己紹介や世間話から開始する。

　また，授業が進むにつれ，前回のレビューから開始する。

b）伝達事項：事務的に連絡すべき事項があれば，学生に伝える。

c）コメント：前回の授業で積み残した懸案事項や，補足すべき事項，学生からの質問に回答する。

d）リーディング・アサインメント（読書課題）：通常，1ケースに関連する副読本2冊（例，ハーバード・ビジネス・レビュー，略してHBR），およびテーマに関連する教科書のある章を読書課題として指定する。

　当然，教師は，これらの内容に関する質問があることをを想定して，準備する。

　特に，企業研修の場合，事前にアサインメントを読んで出席するよう要求しても，予習して来ない参加者もいる。このような場合，クラス最初の時点で，いくつかの問いを発することにより，参加者の理解度を把握する。そして，ときには予定したスケジュールを変更して，レクチャーに切り換えることもある。しかしながら，ケース討論中に講義することは，慎まなければならない。それは，講義により，討議の流れを断ち切ってしまうことになるからである。もし，必要とするならば，補足程度のミニ講義にとどめるべきある。

e）討議開始：クラス討議をどのようにスタートするか，に関する事項である。

　例えば，"それでは授業を始めます。本日は，「DX社」というケースを使って，意思決定の問題について討議します"，とテーマから入る教師がいる。あるいは，"この授業ではケース「ゼロックス（USA）」を題材に討議を進めます。ケースをお読みいただいた通り，ゼロックス㈱は1973年時点では，コピー・ビジネスのリーダー企業でした。また，富士ゼロックス㈱は，富士写真フイルム㈱との合弁会社です。……"など，必要に応じて，テーマの背景や，関連する話題を紹介する教師もいる。また，参加者の個人ファイルを参考にして，ケースに関連した分野で働いた経験のある参加者に，最初に発言を求める教師もいる。

f）補助教材：ケースに関連したサンプル（製品），資料（新聞）や視聴覚教材（例，ビル・ゲイツなど主人公とのインタビュー）などが入手可能であれば用意する。特に，消費財のマーケティング分野では，授業中にサンプル（歯磨き，広告，ポスター）を持ち込む，あるいはテレビ・コマーシャル（例，各国におけるマクドナルドの広告）を視聴させると，学生の興味を喚起する。あるいは，終了時点で，ケースに関連した新聞記事を配布する，ことも含まれる。

g）設問項目：ケースの設問を用意する。また，各設問にどの程度討議に時間を費やすか，概算する。例えば，

設問1　DX社の問題点はなにか

設問2　担当者の立場で考える

設問3　担当者はどう対応すべきであろうか，などである。

　なお，設問を設けるメリットと，デメリットがある。デメリットは，学生にケースの主要論点なりが明確になってしまう可能性があることから，設問を設けない教師もいる。それは，学生がケースを読み，自ら"問題とはなにか"を問うことも教育目的の一つであるからである。

　しかしながら，教育方針，時間的な制約，学生のレベルなど，さまざまな要因から設問を設けている。

h）ラップ・アップ：クラス討論をどのように終了させるかは，教師によってさまざまである。

　ケース討論の締めくくりには，①ケースの要約，②後日談，③討議から学習したこと，などに分類できる。

　ある教師は，学生に結論を求めることもあるし，別の教師はクラス討議に貢献した参加者の発言をとりあげる，あるいはもう少し深く掘り下げるべきだった論点について触れる。このため，多くの教師はパワー・ポイント（あるいはオーバーヘッド・プロジェクター）を使う。さらに，当日のケースに関する情報が記されている資料を学生に手渡し，補足説明する。

i）タイム・プラン（Time Plan）：授業時間をどのように配分するか，を検討する。

　授業は，参加者のレベル，履修科目の特質，ケースの難易度，などの要因によって異なるが，通常，「導入部」「展開部」「終結部」の順序で進む。

i1）導入部：10〜15分（予定）

　　　①テーマの提示

　　　②討議を軌道に乗せる

i2）展開部：60〜70分（予定）

　　　①設問に対するオープン・ディスカッション

　　　②問いかけ・傾聴・対応により諸問題を整理する

　　　③主要論点・争点に絞った討議をすすめる

　i3) 終結部：10〜15分（予定）
　　　　　① 討議全体のまとめ
　　　　　② 配布する資料
　　　　　③ 次回の授業について

　ここで，「導入部・展開部」は，設問に沿って，どのように討議が展開して
いくか，を紹介する。
例1：「意思決定」の場合，以下の順序に沿って討議が展開する
　　　　① 状況分析：諸問題と事実関係を把握する
　　　　② 原因分析：諸問題から主要問題に絞り込む
　　　　③ 決定分析：主要問題の解決策を比較検討する
　　　　④ リスク分析：採択した案の実行計画を作成する
例2：「時間軸」に沿って，討議する
　　　　① 過去の出来事（事実・オピニオン）を把握する
　　　　② 現在の状況（主要問題中心）を分析する
　　　　③ アクションした場合，将来の起こりうる事態を，あるいは，現状維
　　　　　持政策をとった場合，将来の事態を予測する
例3：「経営戦略」や「マーケティング」の場合，マクロ環境からミクロ環境
　　　へと，討議を進める
　　　　① 外部環境分析
　　　　② 業界分析（特徴，競争関係など）
　　　　③ 企業の内部分析
　　　　④ 企業あるいは，主人公の立場に立った提案する
例4：「人的資源管理」の場合，ミクロな環境からマクロな環境へ，討議を進
　　　める
　　　　① 主人公（管理者）のおかれている状況
　　　　② 主人公の属している企業組織の構造と文化
　　　　③ 企業を取り巻く業界および外部環境

例5：設問に沿って討議する

  ① 設問1　状況を把握する

  ② 設問2　主人公（管理者）の立場で考える

  ③ 設問3　コンサルタント（外部）の立場で提案する

 以上のサンプルを参考にして，教師は設問に沿って，授業時間内で，討議がどのように展開していくか，シナリオをえがいてみる。

 通常，海外のケースは，ティーチング・ノートが備わっている。ノートには，一定のクラス・プランに沿って，討議を進めていく例や，教師の体験談，学生からの予想返答例さえも掲載されている。

(3) 参加計画（Participation Plan）

 学生をどのようにコールするか，を検討する。

a）コール・リスト（Call list）

 コール・リストは，教師がクラス討議中のいろいろな局面で，特定の学生をコールしたい時に利用する。

 その目的は，

① 授業中のある時点で，学生が討議に参加しているかどうか，また，教室が固定座席の場合，学生が教室のどこに座っているかを確認できる。

② 学生が特定のケースのテーマに関連する経験やスキルを持っているか，を確認できる。

③ 難易度の高いケースを使用する場合，誰から討議をスタートしたらよいか，の参考にする。

④ クラスを正常な状態に保つため，予習していない学生に警告する。

⑤ 学生の持っている能力，経験をチェックする。

⑥ 教師の問いに，だれも返答（リスポンス）がなかった場合に利用する。

⑦ 発言したことがない学生に発言を促すために，コール・リストのなかから指名する。

 コール・リストを使うべきかどうかについて，一致した見解はない。もし，

利用するとしたら，

　① 授業の始めの時，

　② アサインした設問の時，

　③ 討議をリードする時，などである。

　また，何人かを指名すると決めたならば，事前にリストアップしておく。

b）コール（指名）

　学生をコールするのに，

　① コールド・コール（Cold Call）と，

　② ウォーム・コール（Warm Call）がある。

　学生に対して予告なしに指名することを，コールド・コールという。コールされた学生は，クラス・メートの前で，質問された事柄について自分の見解を表明することが求められる。

　この点に関して，ミスター・ケースメソッドといわれたR. クリステンセン教授は，学期の始めからしばらくの間は，コールド・コールしないと決めている。それは，まだ学生をよく知らない，学生の特徴を把握していない状況だからである。

　とくに内向的な学生，発言しようとしない学生，教師がコールし，うろたえる学生を傷つけることになる。そこで，彼は，学生をコールし，発言を求める際，できるだけ返答できるような問い，すなわちオープン・エンドな問いを発することにしている。これを，ウォーム・コールという。その後，授業が進むにつれて，学生の特徴を把握した後にコールド・コールするとよいだろう。

c）ボランティア（Volunteer）

　もう一つの選択肢に，ボランティア方式がある。ただ，発言している学生だけで討議を進めていくと，発言しない学生や，ただ聞いているだけの学生が出現する。そこで，教師は，学生の参加を促そうとする。その際，コール・リストのなかで，好ましい学生（Preference List）を指名しようとする。

　その中に，好ましいボランティア（Volunteer Preference）と，優先権（Priority）のある学生がいる。

教師は，頭の中にある好ましい（Preference），あるいは優先権（Priority）のある学生を無意識あるいは，即興的に指名することになる。

学生をコールする，それともボランティア方式を採用するにせよ，授業終了後，学生がクラス討議に貢献したか，発言内容を吟味し，その評価を個人カード（あるいは評価表）に記入する。

また，次回コールド・コールするか，あるいは発言していない学生がいれば，学生を研究室に招き，次回"あなたを指名したい"と伝えるか，あるいはメール・ボックスや，電子メールで連絡する。

(4) ボード・プラン (Board Plan)

授業を準備する段階で，多くの教師は，黒板（あるいは白板）に何を，そしてどのような事項を，どの位置に板書したらよいか，を計画する（写真3.1　代表的なU字型教室例参照）。

また，黒板は計算した数値や図表を板書するためだけではなく，学生の賛成や反対意見を書き分けたり，討議すべき対象や範囲を示したり，写真，商品のサンプルを貼ったりするなど，いろいろな目的に使われる。

図表3.2で，黒板の左側は，「背景（状況や原因）」を，中央1面は，「主要な問題（イシュー）」や，中央2面は「分析」を，そして，中央3面は「代替案，あるいは解決策」を，黒板の右側は，「実行計画」を板書する，などの用途に使う例を示している。

また，重要な事項は，カラー・チョーク（例，黄色）やカラー・マーカーを使うなどを事前に決めておく。

黒板には，発言者の見解や，要点をメモ程度に書き留める程度で十分である。なにも正確に板書する必要はない。また，学生の方も，発言者の発言が黒板の中央部分か，端の部分に板書されたかで，主要な論点かどうかを判断できるし，板書を参照にして途中から討議に加わることも可能になる。

写真 3.1　代表的なＵ字型教室

注：筆者が参加したケース・ワークショップ教室（UWO）

図表 3.2　黒板の利用 1

左　側 背景（状況）	中央 1 面 主要な問題	右　側
左側 2 面 背景（原因）	中央 2 面 分　析	右側 2 面 実行計画
	中央 3 面 解決策	

(5) ケース討議案を考える

　クラス・プランに必要な事項アジェンダ，タイム・プラン，参加計画，板書計画をもとに，ケース討議授業を構造化できないか，教育目的を達成するために，どのようなロジックで，ケース討議授業を進めていくか，その概要を検討する。

ケース討議授業を組み立てるに際し，考慮すべき事項がある。

a）討議のスタート，すなわちエントリー・ポイントをどこにするか，を検討する。討議にあたり，どこから討議を始めるか，例えば，ケースのどのシーン（おかれている状況，あるいはアクションを求められている主人公など）かによって，討議の進め方に影響をあたえる。

b）ケース討議の流れ，すなわちどのように順序立てて討議を進めていくか，を検討する。

c）どの討議領域に時間を重点的に配分するか，を検討する。

　討議の流れ，討議の組み立てや，順序立てを考えていくと，幾つかの案が思い浮かぶ。

　討議案例1：トップダウン・アプローチ

　討議案例2：ボトムアップ・アプローチ

　討議案例3：以下略

　討議案1：トップダウン・アプローチ案である。バーバラ・ミラー，イレーネ・カントロフは討議の流れを4つの段階に分けている（図表3.3）。[3]

第1段階：① 諸問題のなかから，主要問題に焦点をあてる。

第2段階：② 主要問題の背景にある顕在的要因に討議を広げる。

第3段階：③ 状況の背景にある潜在的要因にまで討議領域を広げる。

第4段階：④ 問題状況を超えた領域にまで討議を広げる。

　　　　　　　あるいは，

　　　　　　　⑤ 参加者が抱えている問題状況へと討議を広げる。

　図表3.3で×印は，スタート・ポイント，あるいはエントリー・ポイントを表している。なお，図表の実線部分（→）は討議の流れを，また④と⑤との間の点線部分は，④の討議内容と⑤参加者の経験をもとにして討議に発展する（スパイラル・アウトという）可能性を示している。

図表 3.3　討議案 1

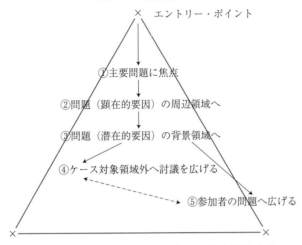

出所：Miller, Barbara and Ilene Kantrov (1998：32) を参考に作成

討議案 2：図表 3.4 は，スパイラル・インするアプローチである。

第 1 段階：ケースの固有な部分に焦点をあてる（エントリー・ポイント），すなわち，企業組織や主人公が直面している問題解決に ① 必要な事実を収集する，得られた情報を整理する，分類する，選択するプロセスに焦点をあてる。

第 2 段階：ケースの内容に関する，② 共通の認識が得られたら，主人公が直面している問題の解決策を模索する。

第 3 段階：推奨された③ 複数の解決策を列挙し，比較する。

第 4 段階：提案された案の④ 実行可能性を検討する。

a）設　　問

討議案から，「教育目的」を達成するための「設問」を考える。通常，「設問」は，設問 1，設問 2，設問 3 などと分ける。そこで，教育目的を達成するための設問例（図表 3.5）をあげる。

ケース「1990 年における日本のファクシミリ産業」は，1980 年代からファ

56

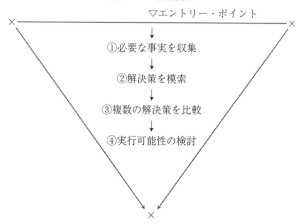

図表 3.4　討議案 2

▽エントリー・ポイント

①必要な事実を収集

②解決策を模索

③複数の解決策を比較

④実行可能性の検討

注：漏斗型（スパイラル・イン）討議形態

クシミリ産業が成長し，特定の国，なかでも日本の企業がドミナントな地位を占めるようになったかを，マイケル・ポーターのフレームワーク"国の競争優位"に記述されているコンセプトを使って，探求しようとするものである。

図表 3.5　ケース「1990 年における日本のファクシミリ産業」[4]

教育目的：
　この授業「競争と戦略」では，国の競争優位の創出となる要因は何か，また，同一産業内で企業の競争優位を創出する要因は何か，日本のファクシミリ産業の成功要因を探る。
テキスト：
　Porter M. E.（1990）*The Competitive Advantage of Nations*, The Free Press.[5]
設問：
　設問 1：なぜ，日本の企業，ファクシミリ産業が世界のリーダーになったか。
　設問 2：1990 年アメリカの企業は，この分野に参入できるだろうか。
　設問 3：1990 年に日本のファクシミリ産業が直面する問題とは何か。

b）板書計画（ボード・プラン）

　ケース分析をもとに，黒板のレイアウトを設計する。板書計画は，黒板のどの場所に主要論点，図表，計算式，モデルを，そして全体のレイアウトからみ

て妥当な配置か，を検討する。

　先程の設問が確定したら，教師による学生に対する問いかけと，予想される
返答をメモする，あるいは教室で板書する例を示す（模擬授業を試みる）。

教師の問いかけと，予想返答（板書）例

教師1（問いかけ）：
　オープン（エンド）な問いからスタートする。なぜ，日本企業がファクシミリ産業の分野でドミナントになったか。
　学生からの返答を，教師はM. ポーターのダイヤモンド・モデルである4つの要因に分類して（板書）する（図表3.6）。
予想返答例1：
　日本語では，テレックスでは伝えられないさまざまな文字，記号，絵文字を持ち，ファクシミリに対する需要が強かった（板書する）。
予想返答例2：
　欧米では，タイプライターやテレックスが普及しているので，ファクシミリに対する需要はあまり高くなかった（板書する）。
教師の予想対応：
　学生の返答に対し，教師は学生の座席の近くまで駆け寄り，「なぜ？　どうしてそう考えるのか？」と問い（行動による対応）を重ねる。そして，深く考えるよう促す[6]。
…略…

　模擬授業を想定して，どのようにクラス討議を進めていくか，「設問」と「板書」との関連で検討するとよいだろう。

　ところで，この授業では「*The Competitive Advantage of Nation*（国の競争優位）」を，サブ・テキストとして読書課題に指定している。M. E. Porter（ポーター）によれば，ある国が特定産業において，国際的に成功するには，以下の4つの特性で説明できるという。

① ファクター要因：ある産業で競争するのに必要な熟練労働，またはインフラストラクチャーといった生産要素における国の地位
② 需要条件：製品またはサービスに対する本国市場の需要の性質
③ 関連・支援産業：国際競争力をもつ供給産業と関連産業が存在するか

④ 企業の戦略，構造および企業間の競争：企業の設立，組織，管理を支配
　する国内条件，国内の企業間の競争の性質

これ以外に，影響力を及ぼす要因には，

⑤ 政府の役割：例，通信回線

⑥ 外部要因である機会：例，石油クライシス，金融市場の大幅な変動など，
　企業がコントロールできない要因がある。

これらの関係を，ケース「ファクシミリ産業」に当てはめて図示すると，図
表3.6になる。

図表3.6　黒板1「国の競争優位の決定要因」

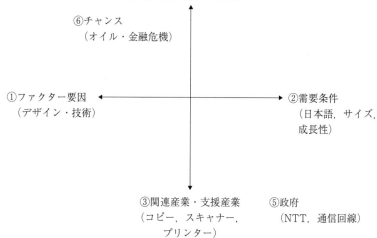

注：M. E. Porter (1990) のモデルを使って筆者が作成

教師2（問い）：
　どのような分野からファクシミリ業界へ参入したか？
予想回答例1：
　学生からの返答群をもとに，以下の分野のいずれかに企業名を板書する（図表3.7）。

　ケースには,「日本企業のアメリカ市場および欧州市場への輸出状況」「日本企業の生産シェア」「アメリカ市場におけるマーケット・シェア（ボリューム・ベース）」「日本企業における海外生産量」などのデータが記されている。

　これらの競争情報（新規参入者, メーカーのシェアなど）を使って, 図式化する。図表3.7は, ファクシミリ産業に, どの事業分野に属する企業が参入してきたかを図示したものである。

図表3.7　黒板2「参入分野」

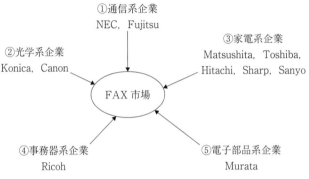

出所：ケース "Xerox and Fuji Xerox" より筆者が作成

　なお, ケースには, 上記以外の企業, Pitney-Bowers, Xerox, Exxon, Burrough, 3Mのファクシミリの生産量や, アメリカ市場におけるマーケット・シェアが表示されているが, 省略した。

　さらに, 企業行動を知るためのフレームワーク3Cがある。すなわち, Company（企業）, Competitor（競争企業）, Customer（顧客）を理解する, 例えば, アメリカ市場をセグメント化, かつ図式化することにより, 各社のおかれている状況が理解できる。

　図表3.8は, ファクシミリのアメリカ市場におけるセグメンテーションを表したものである。ハイ・ボリュームで, かつ大規模利用企業（カストマー）では, N社が, また, ロー・ボリューム, 小規模企業ではM社が強い立場にある, といえる。

図表 3.8　黒板 3「アメリカ市場」

「顧客」

「ボリューム」	大	中	小
高	N	×	×
中程度		R M (m)	×
低			M

注：ただし，M (m) 社は OEM 供給である。
出所：ケースより筆者が作成

　以上の例から，ケース内容（コンテンツ），設問（例），板書（図示化）との関係が理解できるだろう。

　さらに，もう一つのケース「ゼロックスと富士ゼロックス[7]」から，その「教育目的」と，目的を達成するするための「設問」を考えてみる。

　ケースには，ゼロックス社（USA）と富士写真フイルム社との合弁会社である富士ゼロックス社との関係が記されている。

　第 1 に，ケース「ゼロックスと富士ゼロックス」を熟読し，その全体像を把握した後，ケースの要点を列挙する。

1) 本社（USA）と富士ゼロックス（パートナー）との関係（提携）
2) 本社（USA）の海外進出策には単独，ライセンシング，提携，合弁がある。両社の関係と，その是非を評価する
3) 本社の戦略と実行に関する事項と，パートナーの戦略領域との関係をどう調整するか
4) …以下略…

　第 2 に，ケース（要点）をもとに，クラス・プラン（概要）を考える。

1) 1990 年以前のゼロックス（USA）の成功要因はなにか，
2) ゼロックス（USA）と，富士ゼロックスとのギャップ（技術・グローバル競争）について，

　3) 世界における市場成長と，企業（例，キヤノン，IBM）の台頭に対してどの
　　ような対応策が考えられるか，

…以下略…

　以上から「教育目的」「設問」にブレークダウンする。

図表3.9　ケース「ゼロックスと富士ゼロックス」

概　要：
　ゼロックス社と富士写真フイルム社との合弁会社富士ゼロックス社との30年の歴史が
記されている。

教育目的：
　グローバル化をはかるアメリカ企業と，ローカル企業との提携と，そのマネジメント
について学習する。

第1「教育目的」を達成するために，サブ目的に分解する。
　　a）ゼロックス（USA）と富士ゼロックス（パートナー）との業績を評価する。そして，
　　　その成功要因はなにか。
　　b）本社のグローバル化戦略と，ローカル企業の戦略との違いが生じることがある。そ
　　　のコンフリクトをどう調整したらよいか？
　　c）外的環境（市場の成長と技術革新）と，競争環境（日系企業の参入）の変化に伴い，
　　　富士ゼロックスとの関係は再構築していく必要があるか？
　　　　…以下略…

第2「設問」：
　教育目的に沿って，幾つかの「設問」を考える。
設問例1；ゼロックス本社のグローバル展開に際して，富士ゼロックスはどのような役割
　　　　を演じたか？
設問例2；1990年まで富士ゼロックスは成功しているといえるか？そして，その業績を
　　　　どう評価するか？
設問例3；この提携（ゼロックス・富士ゼロックス）の成功要因（Key Factor for Suc-
　　　　ccess）はなにか？　また，この成功要因は今後も続くのか？
　　　　　…以下略…

出所：ケースから筆者が作成

　以上の例から，ケース「ゼロックスと富士ゼロックス」の「教育目的（全

体）」を列挙し，サブ（部分）目的に分解し，そのサブ目的に沿って幾つかの「設問」例を図表3.9にあげた。読者は，少しはそのプロセス（TNノートの作成→教育目的→設問の設計という流れ）を理解していただけたであろう。

注・引用文献

1) Lynn, Jr., Laurence, E. (1999) *Teaching & Learning with Cases A guidebook*, Chatham House Publishers : 63, 67.

2) Erskine, James A., M. R. Leenders, L. A. Leenders (2003) *Teaching with cases*, *Richard Ivey School of Business*, The University of Western-Ontario : 82-90.

3) Miller, Barbara & Ilene Kantrov (1998) *A Guide to Facilitating Cases in Education*, Heineman : 18, 20, 30-32,38.

4) Case, "The Japanese Facsimile Industry in 1990" HBS Case No. 9-391-209.
   Yoffie, David B., Benjyamin Gomets-Casseres (1994) *International Trade and Competition Cases and Notes In Strategy and Management Second Edition*, Mc-Graw-Hill, Inc. : 33-54, 264-290.
   Case, "Xerox and Fuji Xerox", HBS Case No.9-391-156.

5) Porter, M. E. (1990) *The Competitive Advantage of Nations*, The Free Press, Chapter 3.

6) 杉村太郎・細田健一・丸田昭輝 (2004)『ハーバード・ケネディスクールでは，何をどう教えているか』英治出版：209-214。

7) Case「Xerox and Fuji Xerox」HBS Case No.9-391-156.

8) コンフリクトとは，本社主導か，ローカル企業の自主性を尊重するか，両者間をどう調整するか，をいう。

第4章　クラス・ティーチングⅠ

　ケース・ティーチングに標準的なモデルといわれるものはないが，この章では，ティーチングの基本を，サンプルを通して学習する。

(1) ティーチング・サンプル

　相田講師（ディスカッション・リーダー）は，授業開始時間 10 分前に教室に現れ，空調，黒板，プロジェクター，PC を点検した後，すでに教室に座っている学生たちと一言二言会話を交わした後，教壇に移動し，本日のアジェンダを板書した（図表 4.1）。

図表 4.1　黒板 1

```
1  はじめに
2  連絡事項
3  指定した教材
4  ケース「DX 社」
5  設問 1：状況を分析する
   設問 2：主人公の立場で考える
   設問 3：アクション・プラン
6  まとめ
```

　次に，講師は黒板の右隅に移動し，前回のケース関連記事を貼り付けた。そして，午後 1 時丁度に教卓の前に立った。学生に向かって，"こんにちは"と挨拶した講師は，昨夜テレビで観戦したサッカーの感想を話し，学生をリラックスさせた。その後，講師は左隅の黒板を指さしながら，"今日の授業は次の順序で討議を進める。最初の設問は，ボランティアからスタートする。設問 2 は，3 名を指名するので，指名された学生は順番に発言するように"，と宣言した。

そして，今後の授業スケジュールについて触れた後，指定したアサインメント（事前予習）の要点を解説した。講師が，事前に選んだ教材（教科書と文献）の質疑応答に，10分程の時間が費やされた。ある学生は，テキストの45ページの疑問点について，説明を求めた。

　講師は，"誰か，今の質問に答えられる人はいませんか？"と，周りを見まわした。講師は，最初に挙手した学生を指名し，学生の説明に聞き入った後，クラス全体を見まわしながら，"今の説明につけ加えることはありませんか？"と学生たちに質問した。しばらくして，講師は自ら補足説明を加えた後，今日討議すべきケースとその背景を紹介した。その後，学生に向かって少し微笑みながら，講師は"それでは，これから始めます。誰からでもいいです"と宣言した。4人の学生が一斉に手を挙げた。そのうち，あまり発言したことのない学生Aを見つけると，講師は，ただちに指名した。指名された学生Aは現状から，幾つかの問題点を指摘し，その解決策を提案した。彼の話を要約すると，"問題とはあるべき姿と現状とのギャップである。この場合，問題とは，"ポストが，従来の購買手続きの変更を関係者に通知したにもかかわらず，従来の購買業務で行われていることである"と。講師は，その要点を板書した（図表4.2）。

図表 4.2　黒板 2

問　題	購買手続き変更の通知後も，従来通りの購買行動
解決策	2度目の手紙を送る
原　因	？

　話し終わった学生Aに対して，講師は"ほかに付け加えることはないか？"と聞き返したが，学生Aは，"ありません"と返答した。学生Aとの質疑応答が終了した講師が，クラス全体を見渡した時には，既に多くの学生たちが手を挙げていた。講師は，そのうちの一人に目で合図すると，学生Bは"A君に同意できない"と発言し，別の解決策を提案したので，講師は板書した（図表4.3）。

図表4.3 黒板3

問　題	ポストが現場を知らない
解決策	ポストが訪問する
原　因	現場が無視？

　3人のボランティアは，それぞれ学生Bの意見を支持しながらも，自らの見解を付け加え，並行して講師は，板書した（図表4.4）。

図表4.4 黒板4

問　題	ラーソンのアドバイス不足，マンソンの人選ミス
原　因	伝票処理？　……

　何人かの学生が頷くのを確認した講師は，"誰の視点か"と質問した。ある学生は"本社の立場"，別の学生は"当然ポストの立場"と指摘したが，もう一人の学生は"現場の関係者は問題だと思っていないのが問題だ"と発言すると，それに対して，少数の学生は，"そうだ！"と同意した。学生が発言している間，講師は問題の違いを整理し，板書した（図表4.5）。

図表4.5 黒板5

問　題	
誰の視点？	本社管理部門
	ポスト
	マンソン
	現場担当者
	ラーソン
原　因	本社と現場の意思疎通？

　さらに，講師は問題の原因と考えられる要因にメスを入れようとして，"推論でいいよ"と言い，学生からさらなる発言を引き出そうとした。そして，講師は室内を歩き回りながら，まだ一言も発言していない学生に黒板上の特定の

論点を示して，ある学生に "だれの意見に同意する？それとも，あなたの考え
は？" と聞き，討議に加わらせようとした。

　次第に，クラス全員は徐々に一丸となって，その原因を探究するようになっ
ていった (図表 4.6)。

図表 4.6　黒板 6

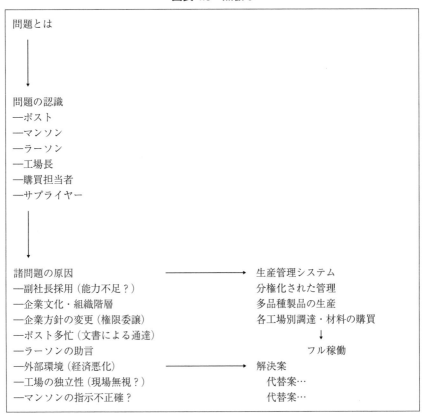

出所：佐藤允一 (1977)『問題の構造学』154-158,
Vance, C. (1993：79) を参考に作成

　原因と考えられる組織と管理に関する基本的な問題について，さまざまな意見が出されたが，なかなかその原因が摑めそうになかった。頃合いを見計らって，講師は，"ほぼ意見は出つくしたようだね。これ以上追加する意見はないか？"とたずねた。そして，今まで学生たちが討議してきた問題の背景，原因，解決策，決定基準などを繰り返し，クラス全員に同意を求めた。多くの学生が，"うなずく"のを確認した講師は，少し間を置いて，"それじゃ，プライオリティづけしてみようか"，と提案した。

　その後，学生たちは，時間的制約のなか，実行可能な代替案の検討に入った。若干補足説明した講師は，コール・リスト上の学生Cを指名し，"この状況で，どのような解決策が考えられるか？"と質問した。学生Cは，"ラーソンが現場を訪問する案"を提案し，その根拠を述べた。何人かの学生に同じ質問を続けた講師は，次第に提案は絞り込まれていった（図表4.7）。

図表4.7　黒板7

代替案
1.　2度目の手紙を出す
2.　マンソンが，ポストをクビにする
3.　ポスト工場訪問
4.　ラーソン工場訪問
5.　現場関係者を本社に招く
6.　現状維持（Status Quo）

注：Status Quo（ステイタス・クオ）：現状維持という意味

　そして，討議の焦点は，各案の評価基準と，プロス＆コンス（賛否）に移っていった。講師は学生同士が討議している間，その要点を黒板に記録し続けた。発言内容を解明するため，"もう少し具体的にいってよ"と，詳しい説明を求めたり，正確さを記すために，"君の言ったことは，こういうことだよね"と聞き返した（図表4.8）。

図表 4.8　黒板 8

	プロス	コンス	判断基準 費用・効果
1.　2 度目の手紙を出す			
2.　マンソンがポストをクビ	△		
3.　購買担当ポストが工場を訪問		△	
4.　ラーソンが工場を訪問	+		
5.　工場関係者を本社に招く	+		
6.　現状維持			

注：△印はマイナスという意味

　ある時，学生Ｅが手を大きく挙げ，発言している学生Ｄの発言を遮ろうとした。講師はジェスチャーで学生Ｅの発言を制止しながら，学生Ｄの話を熱心に聞いた後，学生Ｅの発言を許可した。学生Ｅの発言終了後，講師は教壇から離れ，教室の両サイドや最後尾に移動しながら，板書した各案の妥当性を究明するための質問を続けた。しばらくして，講師はどの案を支持するか，学生に挙手を求めた。その結果，3 案に絞り込まれた（図表 4.9）。

図表 4.9　黒板 9

	定量効果	定性効果	評価順位
3.　ポスト訪問		△時間	3
4.　ラーソン訪問	＋費用		2
5.　工場関係者を本社に招く	△費用	＋時間	1

　黒板の評価結果を参照しながら，講師は，"それじゃ，実際どうやって実行するの？"と質問した。学生Ｅは，"第 3 案の実行は，時間的に無理がある"と主張し，その根拠を述べた。

　その結果，討議は，第 4 案と第 5 案の実行可能性に集中した。3 分もしないうちに，講師は，"皆さんと残りの 2 案の実行可能性について，もう少し討議する予定でした。残念ながら，もう時間がきました。本日のケースでは，主要

論点に関連する多くの分野をカバーしました。本日検討できなかったことは，実行可能性の部分です。私は，もう少しここに討議を集中したかったのです。なぜなら，皆さんが働いていくうえで，最も実践的な能力が要求される部分だからです。この件は，次回の授業までの宿題とします”と総括した。念のため，講師は学生に“なにか質問することはないか”とたずねた後，オーバーヘッド・プロジェクター（あるいはパワーポインター）に用意してきたチャートの一部を投影しながら，問題の構造を要約して，授業は終了した。

　以上のサンプルから，クラス討議過程（教師の問いと学生の応答）を，教師の立場で整理してみよう。

　① 教師：オープン・エンド・クエスチョン（問い）からスタートする，
　② 教師：クラス全体，学生の動きを観察する，
　③ 教師：しばらく学生が挙手するまで待つ，
　　　　　学生の対応：沈黙，だれも返答がない場合，
　④ 教師：もう一度，同じ問いを繰り返す，
　　　　　それでも，学生の返答がなかった場合，
　⑤ 教師：教室内を歩きながら，返答があるまで待つ，
　　　　　学生からの返答がなかった場合，
　⑥ 教師：学生の一人ひとりの目や，手の動きを観察する，学生の中で，目をそらさなかった学生がいたら，
　⑦ 教師：その学生にアイ・コンタクトする，ジェスチャーで発言を求めるしぐさ，あるいはボディ・ランゲージで発言を促す，
　　　　　学生からの返答があった場合，
　⑧ 教師：なんらかの形（声のトーン，板書する）で対応する。

　ケース討議は「教師」と「学生」とのやり取りで進むが，この討議プロセスは，

a）教師による「問いかけ (Questioning)」,
　学生からの返答 (Response),

b）教師による「傾聴 (Listening あるいは Active Listening)」と,

c）教師による　なんらかの「アクション (Action)」をとる, あるいは「対応 (Responding)」する, という「教授サイクル (Questioning-Listening-Responding)」で進む。

これを, さらに一般化すると, 次のようになる (図表 4.10) (Q-L-R)。

図表 4.10

```
[教師]：ケースの設問 1 に対する問い (Questioning)

    [学生 1]：設問 1 に対する返答 (Response)
    [学生 2]：設問 1 に対する返答 (Response)
        [学生 3]：[学生 2] に対する返答
            [学生 4]：[学生 3] に対する返答
            [学生 2]：[学生 3] に対する返答
        [学生 3]：[学生 2] に対する返答
        [学生 5]：[学生 2] に対する返答
        ……以下略……

[教師]：ケースの設問 2 に対する問い (Questioning)

    [学生 4]：設問 2 に対する返答 (Response)
        [学生 6]：[学生 4] に対する返答
            [教師]：[学生 6] に "設問 1 と関連づけるよう" サジェス
                    トした。
                注：学生の場合,「返答」に統一して使用
```

出所：Andersen, E. + B. Schiano (2014：265-266)

ケース討議授業は, 以下のようなステップを踏む。

a）授業の準備

b）クラス討議過程 (導入, 展開, まとめ)

c）評価（振り返り）

(2) 授業の準備

　ケース・ティーチングは，容易な作業ではない。ケースを指導する，そして学生の学習を促すには，かなりのティーチング・スキルが教師に求められる。[2]

1)「教師に求められるもの」
　それらには，

　　a）講義よりもより用意周到な準備，そして心理的な準備，

　　b）ケース内容，すなわち，討議で想定されるトピックス，主要な論点の完全な理解，

　　c）討議を指導するスキル（ディスカッション・リードする技能），

　　d）討議に，教師の先入観（バイアス）を持ち込まない，

　　e）ケース・ティーチング，学生への問いかけ，傾聴，対応にはかなりのしんぼう強さ，

　　f）学生の学習を妨げない，学生の意見を要約する，明らかにするスキル，

　　g）教師自ら喜んで実践する，体験する，ミス・テイクを犯す，"やってみることにより学ぶ（Learning by doing）"スキル，が求められる。

2) ガイドライン
　討議授業を進めるにあたり，バーバラ・デービス[3]は，いくつかのガイドラインを設けている。

> **「ガイドライン」**
> a）教師が，学生の発言順番を決める，
> b）学生へのコールは，始めの段階では，ボランティア方式を採用する，と伝える，
> c）教師から質問された場合，学生は自由に"パス"と返答することができる，
> d）学生の発言順序とマナーは，教師がコントロールする，複数の学生が挙手した場合，教師が指名する，学生が発言している間は，他の学生は教師の許可なく発言できない，
> e）学生は，クラス全員に聞こえるように発言する，などである。

3)「教師の心配事」

　もし，あなた（読者）が経験の浅い教師ならば，どれだけ事前に準備をしても，最初の授業に臨むに際し，不安がある。そのうえ，教室では，60〜80人の聡明な学生たちが，教師よりも数段高い位置に座っている。また，ケースで取り上げる業界についても，教師よりもはるかに事情に詳しい者が少なくとも一人はいる，と覚悟しておいたほうがよい。

　特に，管理者向けのプログラムになれば，ビジネス経験豊富な参加者たちの前での失敗は許されない，というプレッシャーに直面する。これら「教師の心配事」を，ワッセルマンはあげている。[4]

「教師の心配事」

a）討議授業では，教師の権威が失墜するのではないだろうか？

b）多くのケースでは，結語がないという。それゆえ，授業の最後をどのように締めくくったらよいだろうか？

c）ケースに記述されている内容には，教師にとって既知（専門）の分野と，未知（専門外）の分野の中間領域（グレイ・ゾーン）が含まれている。討議がグレイ・ゾーンにハイライトされた時，教師はどのように対応したらよいだろうか？

d）ケースに正解はないというが，それでは，どこに討議の重点をおいて授業を進めたらよいだろうか？

e）ケース討議授業に，なにか新しい試みを導入できないだろうか？

f）ケース討議授業を，どのように組み立てたらよいだろうか？

g）ケース討議授業は，同僚および学校行政担当者からどのように評価されているだろうか？

h）ケース討議授業では，教育目的を達成することができないのではないだろうか？

i）最初の授業で，討議をうまく軌道に乗せることができるだろうか？

j）学生に，教師は指導力不足と思われないだろうか？

k）学生に，教師は専門知識が不足している，と思われないだろうか？

l）ケース討議授業では，当初予定していたコース全体をカバーできるだろうか？

m）討議授業では，どのように学生を評価したらよいだろうか？

n）学生自ら十分の予習をし，自分なりのロジックを組み立てて，ケース討議に参加できるだろうか？

　さらに，ケース討議授業に不慣れな教師には，授業に臨むに際し，懸念すべ

き事項がある。[5)]

「懸念すべき事項」

① 授業の準備：授業の準備は万全だろうか？ケース内容を十分にマスターできただろうか？授業中不測の事態が生じた場合，うまく対応できるだろうか，気になる。とくに，授業で使うケース教材が，教師自身が作成したものでなければ，より一層の準備が求められる。しかし，それでも不安は残る。

② エクササイズ：クラス討議授業では，教室全体に聞こえるように，通常より，大きな声で話すことが求められる。そのためには，コーチによる発声練習（ボイス・トレーニング）が必要になる。あるベテラン教員は，ボーカル・コーチによる指導を受けたほうがよい，と言うだろう[6)]。もちろん，経験の浅い教師は，少しでも不安を和らげるために，模擬授業の実地が求められる。

③ ストレス：教師自身，健全な精神状態を保って授業に臨むことができるだろうか？とくに，自分より年配の参加者たちを，うまく討議指導できるだろうか？考えれば考えるほど，プレッシャーに押しつぶされそうになる。

---

(3) クラス討議における教師の役割

　ケースメソッド・ティーチャー（教師）は，討議指導者（Discussion Leader, あるいは Teacher）と呼ばれている[7)]。討議指導者としての教師は，このケースでなにを学習させるか，教育目標（Teaching Objective）を立て，そのためにはどういう問いを発すればよいか，そして，主要質問（Key Question）を用意して，クラス討議に臨まなければならない[8)]。そのためには，なによりもまず「① 質問者（Questioner）」としての役割を果たさなければならない。事前に立案したクラス・プランにもかかわらず，討議が予期しない方向に発展する場合がある。

　クラス討議は，学生の興味や関心が動因となって展開するとき，白熱化し，相互学習の効果があがる。ただ，討議が予期しない方向に展開した場合には，教師は臨機応変にクラス・プランを変更し，新たに設定した教育目標の方向に討議を指導するほうが，より教育効果が期待できる。ケースメソッドは，学生の討議が中心（Participant Centered Learning）となって展開する授業形態であるから，討議が活発になるよう，教師はいくつかの役割を果たさなければならない。

前述「① 質問者」の役割の次に大切な役割が,「② リソース・パースン (Resource person)」としてである。これは,学生が討議中にいろいろな質問をするため,その問いに返答することが大切になる。それゆえ,教師は,ケースに記述されている経営の実情に通じ,知識や経験が豊富で,「情報源」としての役割を果たさなければならない。

また,クラス討議中,事前にアサインした教科書の内容理解が不十分と判明したら,簡単な講義をして「③ 講師 (Lecturer)」としての役割を果たさなければならない。一方,教師は,学生の発言を,積極的に耳を傾けて聴く「④ 傾聴者 (Active Listner)」でなければならない。

続いて,学生の発言を繰り返す,あるいは他の学生にわかりやすく言い換える「⑤ パラフレイザー (Paraphraser)」としての役割も果たさなければならない。この他,積極的に発言しない学生や,内気な学生には,その発言を促し,手助けする「⑥ ファシリテーター (Facilitator)」としての役割や,討議がテーマから大きく逸脱した場合,討議を軌道に乗せ,学習目標に導く「⑦ 討議指導者 (Discussion Leader)」としての役割,討議中の学生たちの意見を整理する,あるいは評価する「⑧ 要約者および評価者 (Summerizer & Evaluator)」としての役割,学生にケースを自ら分析してみせる「⑨ 分析者 (Analyst)」,あるいは「⑩ デモンストレイター (Demonstrator)」の役割を果たさなければならない。

これ以外に,ケース討議指導者は,⑪ 司会者,⑫ 筆記者,⑬ 案内者,⑭ 進行役,⑮ 仲介者,⑯ レフリーなどとも呼ばれ,その場,その場の局面において,その呼び方も,その役割も変わる。

ところで,教師の役割を,多くの研究者は次のように分類している。[9]

a) ファシリテーター:討議指導者の主要な役割である。教師は,"教える"あるいは,"教授する"ことではなく,学生自身が自らの学びを手助けする役割である。

b) コーチ:学生は,ケースメソッドをフルに活用して,さらなるサポート,あるいは動機づけを必要としているかもしれない。授業中,十分に予習し

てきた学生には，学生たちの前でほめる。しかしながら，予習不十分な学生には，怒ることはないが，放課後，プライベートの場で注意する役割を演じる。

c) クオーター・バック：ケースメソッドでは，自由に発言できるけれども，ときには学生は，討議のテーマや，主要論題から逸脱した発言もする。そこで，討議指導者は，"コーディネイター"として，討議を軌道に乗せる役割を演じる。

d) コリオグラファー（振付師）：ケース討議がうまくいくかどうかは，学生の能力（例，成熟度の高い参加者），十分な予習だけでなく，教師の仲介者としての能力にも依存する。また，沈黙している学生に発言を促す，討議を独占する学生の発言を抑止することにより，オーケストラを指揮するコンダクターのように，討議をバランスのとれた指導をする役割を演じる。

e) プロセキューター（検察官）：性急なコンセンサス，あまり討議せずに合意した総意，一致した見解は，しばしば疑いの目でみる。そのような場合，教師は，学生を異なる視点に立たせるために，デビル・アドボケイト（悪魔）の役割を演じる。

f) エバンゲリスト（伝道者）：授業に対する教師の意気込みは，しばしば学生の履修状況に影響を与える。授業ガイダンスは，学生を引き込むよい機会である。それゆえ，教師は，ユーモアをもって，授業に対する意気込みを伝えることにより，学生はこの授業に期待を抱く。

g) タイム・マネージャー：主要論点の討議に費やす時間が少なければ，深く掘り下げた分析ができない。また，特定の論点に討議時間を割きすぎると，学生は飽きてくる。あるいは，まとめの時間が不足して，クラスは終了する。それゆえ，教師は，そのバランスをとることが求められる。

(4) クラス討議過程と問い

　ケース討議過程は，いくつかの段階に分けることができる。ケースメソッドの一つ，インシデント・プロセスでは，1) 導入（提示），2) 討議（学習）活動，

3) 総括（応用），4) 評価，の4段階に分けている。

ここでは，クラス討議過程を，

1) 導入，2) 展開（前半と後半），3) 総括（まとめ）の3段階に分ける。

1) 導入の段階

通常，討議は教師の問いかけからスタートし，学生の返答という提示段階から始まる。

導入段階は，学生の学習動機を喚起するとともに，学生がどれほどの予備知識をもっているか，予習してきているか，をテストする機能も備えている。

1a) 学期の最初の授業

多くの学生は，「シラバス」を十分読んでクラスに出席するわけではない。学期の最初の授業では，この授業を履修するか，ドロップするか，わからない。そこで，教師はシラバスをもとに，ケースメソッドの特徴，コース概要，ケース討論をどのように進めていくか，を学生に説明する。また，グループ学習を通して学生同士お互い教えあう，学びあう「学びの共同体」を築きあげることが重要である，と力説する。

次に，最初の授業でなすべきことは，「学生を動機づける」ことである。なぜなら，ケース討議が成功するかどうかは，① 教師と，② 学生の討議への積極的な参加と貢献に依存するからである。

「学生を動機づける」[10]

① 熱意と約束：教師は，学生の興味と関心を引きつけるために，優れたケース教材を使って教授することを表明する。
② 現実世界との関連：この授業は，学習する価値があること，ケース・スタディーを通して，現実の世界に近い形で学習すること，討議による学習は，社会にでてからも役に立つことを強調する。
③ 価値あるスキルの構築：ケースメソッドは，コミュニケーション能力の向上，問題解決能力や，論理的に考える能力を養うことを強調する。
④ 安全な参加：討議に慣れていない学生の不安を払拭する配慮がなされている。グルー

プ討議は，学生同士が気兼ねなく，自由に発言できる活動である。

　クラス討議では，教師の問いに答えられない場合，「パス」できるから，安全に参加できることを強調する。

⑤ プレジャー＆ファン：クラス・ガイダンスでは，教師はユーモアを交えて，フレンドリーな態度で学生に接する。そして，クラス討議に積極的に参加することにより，授業を楽しんで欲しい，と期待と抱負を述べる。

1b)「オープニング・クラス」

　最初の授業では，簡単な自己紹介や他己紹介，ゲーム，クイズ，など参加者の緊張をアイス・ブレークする工夫が必要である。[11] 通常，ティーチング・サンプルで見た相田講師のように，授業開始時刻の少し前に入室する。

1c) クラス討議のスタート

　ケース討議の口火を切らせるべく，教師が学生たちのだれか一人を出席名簿のなかから選び出して，指名する声が響きわたる。事前に，学生のだれを指名するかを知らせずに指名することを「コールド・コール」と呼ぶ。

　しかしながら，多くのベテラン教師は，最初の授業からしばらくは，コールド・コールではなく，ボランティア，あるいはウォーム・コールをすすめている。通常，教師は，なんらかの形で，授業のスタートを伝える，あるいは合図する。

1d) 幾つかのアプローチ

　討議をどこからスタートするか？教師は，クラス・プランに沿って討議を進めたい，と思うだろう。ケース討議には，幾つかのアプローチがある。

① 時間軸：ケースを分析し，解決策を模索していくには，起こった出来事を時間軸に沿って，順序立てて討議を進める。

② 組織図：ケースに利害関係のある複数のアクター（行為者）が記述されている場合，だれが上司か，同僚か，部下か，その関係を組織図や，チャートで表すと，解決すべき問題点の理解の手助けになる。

③ 決定と意思決定者：だれが意思決定者か，どのような決定が求められているか，なぜ決定しなければならないか，難しい状況に置かれているアクターに順序よく質問リストを活用して，討議を刺激する。[12]

④ アクター（行為者）と関心事：ケースには，異なる情報，異なる権限，利害，目的をもついろいろなアクターが記されている。アクターは，ステーク・ホルダー（利害関係者），イマージング・ステーク・ホールディング・オーディエンス（途中から出現する利害関係者）や，ビィクティムズ（犠牲者）に分類できる。これら利害関係を念頭において，討議する。

⑤ フレーミング：各コースでよく使われるフレームワークがある。例えば，経営戦略，マーケティングでよく使われる SWOT (Strengths and Weakness, Opportunities and Threats) 分析などがある。ケースに企業行動や，組織が含まれるとき，これらのフレームワークを使うと，ケース内容の把握が容易になる。

⑥ 合理的分析：HBS でよく使われているラショナル (Rational) なアプローチがある。例えば，"問題とはなにか？" "考えられる代替案は何か？" "どのような基準で評価すべきか？" "解決策をサポートする根拠はあるか？" などの問いを駆使して，討議を進める。

2) 討議を進める

　討議の流れ（題目に沿ったシナリオ）に関連して，討議を進める問いについて触れる。「討議の手引き」は，討議を指導する際の案内役である。クラス・プランには，幾つかの討議案（例，合理的分析）が含まれる。その中から，選択した討議案の流れを「イントロダクション（序）」「状況分析」「問題分析」「解決手段の提示」「アクション（計画の実行）」という順に考える。

　次に，上記討議中に使われるであろう質問を，序の段階からクロージングの段階まで書き出し，一覧表にした質問リストを設計する。うまく設計（構造化，あるいは半構造化）された問いは，主要論点に焦点をあてた討議を活発にするだろう。

「質問リスト」の作成は，

　a）（クラス・プランを考慮した）全般的な問いを定める。[13]

　　　↓

　b）討議すべき特定（コンテンツ）の問いを定める。

　　　↓

　c）討議の論点に焦点をあてた問いを定める。

　　　↓

　d）問いを文章化し，かつ表現方法（ワーディング）を選ぶ。

　　　↓

　e）再度，問いを点検し，練り直す，という手順を踏む。

「討議の手引き」は，ケース討議を指導する際の案内役である。討議を進める指針となる問いには，

　①序となる問い（Introductory questions），[14]

　②討議を開始する問い（Opening questions），

　③ある討議題目から，つぎの討議題目へ移る問い（Transition questions），

　④主要論点のキーとなる問い（Key questions），

　⑤討議の最後に，終結する問い（Closing questions）」，

　⑥授業終了後に行われる問い（Post discussion questions），がある。

　討議の形態は，しばしば「じょうご型―討議を中心に集める―」構造になっている（図表4.11）。

　討議における問いは，幾つかの段階に分類できる。

①「序となる問い（Introductory questions）」

　当日の討議テーマが，ケース「ゼロックス」の場合，

　例えば，

　（a）"ルネッサンス期における三大発明，火薬，羅針盤の2つをあげ，残

図表4.11　討議における問い（Questions）[15)]

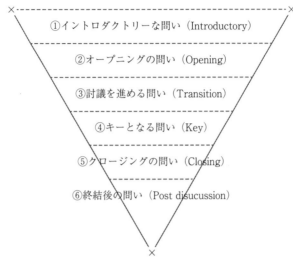

① イントロダクトリーな問い（Introductory）

② オープニングの問い（Opening）

③ 討議を進める問い（Transition）

④ キーとなる問い（Key）

⑤ クロージングの問い（Closing）

⑥ 終結後の問い（Post disucussion）

補足：この討議形態をエスペン（2014, p.83）は，スパイラル・イン（Spiral In），
逆の形態をスパイラル・アウト（Spiral Out）と呼んでいる。
出所：Hennik et al.（2011：143）を修正

りの一つはなにか？と学生に問う。

　返答は，グーテンベルグの「印刷機」である。

　次に，

（ｂ）"印刷機の出現は，世界の歴史にどのようなインパクトを与えたか？"
　を学生に問う。

　この「問い」は，学生をアイス・ブレークするためである。

②「オープニングの問い（Opening question）」

　最初の問いは，幅広いオープニングなもの，参加者全員が自由に発言できる
問いがよいだろう。

　例えば，ケース「ゼロックス」に関する問い"皆さんが勤めている会社で使
用しているコピー機は，どこの企業の製品でしょうか？"というオープン・エ
ンドな問いが考えられる。

　ついで，"それはレンタルですか？それともリースですか？"という問いが

続く。こういう柔軟性のある半構造的な問いを選択すれば，参加者は発言しやすくなる。

　討議の「初期の段階」では，事実関係の確認と把握するための問い，例えば，「探求的な問い（Exploratory questions）」や，「診断的問い（Diagnostic questions）」，「関連付ける問い（Relational questions）」が使われる。

　ケースに記述されている事実，基本的情報を調べる問い，

例，"この会社は，どのような製品を製造している会社ですか？"

　"この会社の取引先は，どのような顧客ですか？"などを例としてあげる。

　基本情報を得るためには，"誰が（who），いつ（when），どこで（where），どのくらい（how much）？"を使った「情報追求型」の問いが使われる。また，学生の回答に対して，"それは，どういう意味ですか？"，という対応は，より明確に理解する「内容確認型」の問いである。

　次に，事実関係（Facts）を把握したら，問題点の洗い出しと，主人公の立場で解決すべき問題を明らかにする問い，例えば，2章で示した，ケース「DX社」の"主人公は誰でしょうか？"この問いから，アクターである社長，副社長，副社長補佐，現地工場の購買担当者による立場の違いを明らかにしようとする問いが続く。

　第2段階は，討議展開（前半）である。

　幅広いテーマ，すなわち複数の解決策や対応策から，徐々に主要な問題を解決するための手段に関する問いや，問題が解決されない要因や，原因を絞り込む。

　③「診断的な問い（Diagnostic questions）」や，「因果関係（Cause and Effect questions）の問い」が使われる。

　例，"なぜ，現場担当者は，本社からのレターに対して「了解した」と回答したにもかかわらず，なんら変更を行っていないのはどういうことだろうか？"と問う。"なぜ（why），どのようにして（how）"の問いは，問題，原因などを特定する「分析型，原因追求型」の問いである。

　討議中に特定の論点に狙いを定める問い，学生の発言と主要論点との橋渡し

をする問いや，学生の見解をフォロー・アップする問い，討議テーマから逸脱した場合にコントロールする問い，などが使われる。また，"あなたはどう考えますか？"という問いは，議論を広げるために，抽象化し，新たな認識を求める「概念探求型」の問いである。

このほか，あるテーマから次のテーマに「移行する問い（Transition questions）」"この点に関して，議論が出尽くしたようです。次に移ろうか？"という例をあげる。この問いは，「議論の転換点」を移すときに使われる。

第3段階は，討議の中心となる主要問題を考える段階（討議展開後半）である。④「キーとなる問い（Key questions）」には，討議を深く掘り下げる問いや，設問の下位に属する問い（従属関係）などで，より詳細な回答を求める問いがある。また，思考力の低いレベルの問い（Lower level questions），例えば，学生の予習状況や理解度を試す問いから，より高いレベルの問い（Higher level questions），例えば，学生に批判的に考えさせる問い，へとアップする。

さらに，「討議の質を高める問い」や，「特定の問い」からより「一般化，あるいは抽象化」した返答を求める問い，例えば，コンテンツのレベルによる問いがある。それは，よりレベルの低い問い（Knowing, Having, Analyzing）からより高いレベルの問い（Doing, Being）へ，言い換えれば，「具体的なレベル」からより「抽象的なレベル」の問いへとアップする。

例，"もし，あなたが副社長であったなら，ケースの最後に記述されている状況をどう思いますか？""もし〜なら，どうなるか？"という問いは，制約条件を緩和して，新しい状況を考える「仮説立案型（Hypothetical questions）」である。

また，抽象化し，学びを広げる「一般化する」問いや「アクションを求める問い（Action questions）」がある。

例，"この状況下で，副社長はどうすべきですか？""アクションするには，どのような代替案が考えられますか？""なにをすべきか？"という問いは，決断を迫る「行動追求型」である。

例，"3つの案のなかで，どの案が一番リスクが小さいか？"と判断をあおぐ

問いは,「評価型」である。

例,ケース「1990年におけるファクシミリ産業」に関して,"アメリカの競争力低下のもっとも重要な原因はなんでしょうか?"という問いは,「優先を問う問い(Priority questions)」である。

それに,アクションした結果,"なにが起こるだろうか?"を推測する「予測型」の問いがある。これ以外に,「討議領域を広げる問い(Extension questions)」や,ケース対象以外の領域まで討議を広げる問いがある。"このほかに,なにかないか?"という問いは,推測できる結果と波及効果を考慮する「外縁延長型」である。

第4段階は,⑤「結びに向けての問い(Closing questions)」や「まとめ(Summary questions)を引き出す問い」がある。例えば,"今日の授業から,どのような教訓が得られましたか?"

⑥ 討議終了後の問い(Post discussion questions)や教師がクロージングに際し,問いを投げかけて終了することがある。

問いは,討議の流れを論理的で,筋道を通った順序で設計されるけれども,実際の討議では不確実な事態,予想外の出来事が発生する。それゆえ,参加者の発言を柔軟に対応するスキルが,討議指導者に求められる。その際,チェックリスト(質問リスト)を事前に作成しておくと役立つだろう。

注・引用文献

1) Andersen, Espen + Bill Schiano (2014) *Teaching with Cases A practical Guide*, HBS Publishing:30, 33, 52-53, 62, 133, 213, 265-266 を修正。
2) Lynn Jr., Laurence E. (1999) *Teaching & Learning with Cases A Guidebook*, Chatman House Publishers:30, 46.
3) Davis, Barbara Gross (1993) *Tools for Teaching*, Jossey-Bass:24, 87.
4) Wasserman, Selma (1994) *Introduction to Case Method Teaching A Guide to the Galaxy*, Teachers College, Columbia University:20, 23.
5) ITP (1992) のプログラムに,ロベルト・パルマー講師 (Senior Tutor of Royal Academy of Dramatic Art) による発声練習の授業が用意されていた。
　　ITPとは International Teachers Programs' for educators In Management の略。

6) インディアナ・ビジネススクール博士課程の授業，"Doctorial Teaching Seminar Ⅰ・Ⅱ"では，複数回模擬授業を実施していた。その際，TA（ティーチング・アシスタント）が学生の授業を撮影，その後の授業改善に役立てるためである。また，筆者（中央大学大学院博士課程）の授業「ケースメソッド」では，学生に模擬授業（20分）を課している。

　　さらに，ITP（1992）では，6週間コースの最終日，参加者全員に模擬授業（70分）を課している（プログラム終了の条件）。また，筆者が参加したケース・セミナー（HBS，UWO，KBS，欧州 Case Center）でも，参加者に模擬授業の機会を与えている。

7) Andrews, K. R., The Role of the Instructor in the Case Method, Malcolm P. Mc-Nair ed.（1954），*The Case Method at the Harvard Business School*, McGraw Hill.（慶應義塾大学ビジネス・スクール訳（1977）『ケース・メソッドの理論と実際―ハーバード・ビジネス・スクールの経営教育』東洋経済新報社：145-153）
Shapiro, Benson P.（2005）*Hints for Case Teaching*, Harvard Business School Publishing.

8) 村本芳郎（1977）『ケース・メソッド経営教育論』文眞堂：118-120。

9) Lima, Marcos & Thierry Fabiani（2014）*Teaching with cases-A framework-based approach*, Lima & Fabiani：86-87.

10) Davis, Barbara G.（1993）*Tools for Teaching*, Jossey Baas：28

11) 日経連研修部編（1991）『研修ゲーム・ハンドブック』日本経営者団体連盟広報部。美濃一朗（1995）『若手をのばす研修ゲーム』日本経営者団体連盟広報部。

12) 質問リストとは，当該ケースに関して事前に設計された質問群をさしている。教師は，授業で使う質問リストを作成する。

13) ウヴェ・フリック著，小田博志・山本則子・春日常・宮路尚子訳（2008）『質的研究入門　人間の科学のための方法論』春秋社：62 を参考に作成。

14) 積極的に発言する学生が多い場合は，教師のケースに対する説明，質問という導入の段階は非常に少なく，すぐ，学生の意見発表という提示の段階に入る。

15) Hennink, Monique, Inge Hutter, Ajay Bailey（2011）*Qualitative Research Methods*, Sage：141-145.

第5章　クラス・ティーチングⅡ

　前章では，ケース討議の流れ（縦糸）の中で，各段階において使われる質問（横糸）との関係を概説した。本章では，討議指導者に求められる技能―問い・傾聴・対応―について解説する。

　討議により授業を進める教師（Discussion Teacher，あるいは Discussion Leader）は，学生に問い（Questioning）を投げかける，学生の返答に耳を傾ける（Listening），学生に対応する（Responding）ことに多くの時間を費やしている。長年の経験から，R. クリステンセン教授は討議を指導する教師に求められる技能（skill）として[1]，

(1) 質問する（Questioning），

(2) 傾聴する（Listening），および

(3) 対応する（Responding），あるいは応答する，3つをあげている。

　しかしながら，質問，傾聴，対応のどれをとっても，簡単に習熟できるものではない。この点に関して，彼は，質問を類型化し，それから，質問リストの作成を進めている。

　質問を類型化することは，質問を活用する第一歩である。質問は，事前に質問すべき項目，質問する順序，質問の表現（ワーディング）を設計し，準備しておく必要がある[2]。つまり，相手の返答を予想し，その対応を考慮したうえでの設計が必要であり，思うがままに聴く質問では，必要な回答を得られる可能性は低くなる。質問方法を誤ると，討議は頓挫する。まさに「備えあれば，憂いなし」である。

　そこで，まず，質問の3つのタイプを紹介しよう。

(1) 質　　問

「質問」とは，オックス・フォード英語大辞典によれば，"ある問題や不明な事柄を調べたり，探したり，問う行為"である。ここで，「問う」とは，最終目的である知識の獲得（knowing），情報の収集（having）や真理を探究するプロセスをいう。

1）構造化の程度による分類

質的調査方法では，構造化の程度で，質問を分類している[3]。

質問には，標準化された質問や，構造化されていない質問がある。図表5.1では，質問の構造化の程度を並べたものである。

左側には，高度に構造化された「質問リスト」に基づいた質問が位置する。他方の欄には，構造化されていない，オープン・エンドで会話型の質問が位置する。

図表5.1　質問の構造化の程度

高度に構造化／標準化	半構造化	非構造化／インフォーマル
質問のワーディングは事前に決定される質問の順序は，事前に決定される	より構造化された質問と，ゆるやかに構造化された質問のミックス	オープン・エンドな問い，柔軟性がある質問，探索的より会話的な質問

多くの場合，討議の初期における質問は，よりオープン・エンドで，あまり構造化されていない，あるいは幅広いかたちで実施されるだろう。このタイプの質問は，個々の学生がケースを独自に分析した見解を有していることを前提としている。しかしながら，学生の返答が，教師がまったく予想していないものもある。それゆえ，柔軟性のある質問を討議で使いこなすには，質問者である教師にかなりの熟練（対応するスキル）が求められる。

第2の質問は，構造化の程度の低い質問を行う場合の一つの選択肢である。

半構造化された質問は，すべての質問のワーディング（表現）にかなりの柔軟性をもたせるか，あるいは構造化された質問と，ゆるやかに構造化された質問をミックスした質問であるかの，どちらかである。

　例えば，半構造化された選択肢（a案，b案，c案）のなかから，一つの案を学生に選択させる，と仮定する。教師は，クラス全員に"a案に賛成の方，挙手願います！"というように「クローズド・クエスチョン」で問いかける。そして，挙手した学生の中から一人を指名して，1対1の関係に持ち込み，今度は「オープン・エンド・クエスチョン」で，探索型の質問をする。[4)]

　第3番目に，図表5.1の一方の端には，高度に構造化された調査タイプの質問，例えば，電話によるインタビュー，が位置する。標準化された質問と呼ばれている。ここで，たずねる質問項目や，その順番は，事前に決定されている。このタイプの質問を採用する問題点は，まえもって決められた質問に固執することで，相手の見解に触れる機会が失われる点である。そのかわり，教師自身がケース分析した結果をもとに設計した質問に対する学生の返答，例えば，どの程度乖離があるか，を把握することができる。

　多くの場合，討議指導者は，これら3つすべてのタイプの質問を組み合わせて使っている。すなわち，ケースのある箇所では標準化された質問で必要な情報を収集し，別の箇所では，参加者全員に同じオープン・エンドな質問をして新しい情報を創出するために時間を費やしたりする。

2) 認知的技能（Cognitive Skills）による分類

　B. S. ブルームら多くの研究者（1956）たちは，問いをレベル1（知識），レベル2（理解），レベル3（適用），レベル4（分析力），レベル5（統合力），レベル6（判断力）という6つのスキルに分類している（図表5.2）。

　例えば，レベル1や2では，学生が学習したことを覚えているか，理解しているか，を見極める問いが使われる。また，レベルがアップするにつれて，批判的に考える，未知の状況を分析する，解決策を探る，判断するための問いが，使われる。

図表5.2　ブルームらの認知的技能による分類[5]

レベル1：知識（言葉の定義，経営の基本的知識，公式など，授業で学んだ内容を覚えている）

　　　　　例，"マーケィングの4Pについて説明してください"

レベル2：理解（覚えている事柄の意味を理解している，言い換える，あるいは例示する）

　　　　　ケース「1990年におけるファクシミリ産業」の場合，

　　　　　例，"ポーターのファイブ・フォース・モデルを使って説明してください"

レベル3：適用（新たな文脈の中で，情報を使って，問題を解決する，質問に答える，仕事を成し遂げる）

　　　　　例，ケース「キリンビール」の場合，

　　　　　　"消費者調査のサンプルが少ないとすれば，このデータを使って分析できますか？"

　　　　　　"価格弾力性の概念を使って，石油価格の変動をどのように説明できますか？"

レベル4：分析（問題を幾つかの要因に分解する，各要因間の相互関係や因果関係を調べる，関連のある要因と関連のない要因に分ける，など）

　　　　　例，ケース「新日本石油」の場合，

　　　　　　"ガソリンの販売価格に影響を与えている要因は，何でしょうか？"

レベル5：統合（各要因を組み合わせて，新しいビジネス・モデルをつくる，問題に創造的に取り組む，総合的に解決する）

　　　　　　例，ケース「梅田女子大の経営戦略」の場合，

　　　　　　"少子化と競争激化の環境のなかで，女子大は，どのように再構築したらよいでしょうか？"

レベル6：判断（一定の評価基準を使って，ある役職者の立場で判断する，あるいは評価する）

　　　　　　例，ケース「ホテル・N」の場合，

　　　　　　"経営コンサルティング会社が提案した案を採用した場合，収支がどの程度改善すると思いますか？"

出所：Davis, Barbard G. (1993：84-85) を参考に作成

3）コンテンツによる分類

　第3番目は，マーク・クリガー[6]による分類である。マーク・クリガーは，質問をコンテンツの視点から，具体的なものから抽象的なものまで，4つのレベルに分けている（図表5.3）。

　レベル1の多くは，しばしば事実関係（Facts & Opinion）を把握するために必要な情報，データ，文献の収集，おかれている状況（Knowing, あるいは Hav-

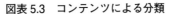

図表 5.3　コンテンツによる分類

より抽象的

4　あるべき姿（Being）

3　行動する（Doing）

2　分析する（Analyzing）

1　データや情報を探る（Knowing, Having）

←--過去-------------現在-------------将来--→ より具体的

出所：Kriger, Mark P.（1993：11-14）を修正

ing）に関する問いである。

レベル 1　事実関係を把握する質問

例：論拠のもとになる情報は，ケースのどこに記述されていますか？
例：この問題に関連する情報は？
例：どの情報が欠けていますか？
例：どのような前提ですか？

　レベル 2 は，データや情報を使って状況を分析しようとするプロセスに関するものである。質問も，具体的なものから，やや抽象的なものに変わるが，ここでの主要な質問は，"この状況をどのように分析するか？"である。テーマに関連するモデル，理論，フレームワークは，状況を分析する（Analyzing）際に使われる。

レベル 2　分析とツールに関する質問

例：なぜ，この問題は発生したのでしょうか？
例：いま，すぐに対処すべき問題はなんでしょうか？
例：あなたが分析した結果，どういう結果が得られましたか？
例：この問題の分析にどの理論，ツールが使えそうですか？

　レベル3は，"アクションするために，どのような代替案が考えられるか"という例に見られるように，アクション（Doing）と指示に関するものである。この段階での質問は，データや分析に関するものから，代替案を探索したり，実行性を検討するものに変わる。

レベル 3　代替案を探す，行動（Doing）に関する質問

例：あなたのアクション・プランは？
例：あなたが副社長の立場だとしたら，どういう行動をとりますか？
例：あなたは，どの案をリコメンドしますか？
例：あなたの判断基準は？

　レベル4は，あるべき姿（Being）を問うものである。

レベル 4　あるべき姿に関する質問

例：自社のビジネスは，どうあるべきだと思いますか？
例：キャリア・ディベロップメントの分野では，
　　あなたは将来どのような人間になりたい，と思っていますか？
例：副社長は，どう対応すべきだったと思いますか？

　上記4つのレベルに加え，
　① 過去（past），② 現在（present），③ 将来（future）と，時間軸を区分した質問に分類できる。

　例えば，"効率的な組織を編成するために，総務部長はなにをなすべきですか (Should)" という質問は，現状の認識に基づいて，将来のあるべき姿 (Being) に関するものである。

　以上のように，いろいろな質問をミックスして，教師は，「時間軸（過去―現在―将来）」と，「抽象化軸（情報―分析―行動―存在)」の階段をアップ・アンド・ダウンしながら，討議を進める。

(2) 討議の開始における質問 (Questioning)

（a）授業開始にあたり，入門的な問いは，ウォームアップするための問いである。討議をスタートするために，幅広い問いが使われる。

（b）オープニング時の問い

　教師は，最初の問いに注意を払う必要がある。滑り出しが上手くいかないと，活発な討議を進めることが難しくなる。この点に関して，R. クリステンセンは，最初の質問は3つの要素から構成される，と考えている。質問は，授業の導入部分と結びついたもの，できれば，設問と関連したものがよい。

　次に，「どのような質問」をするかを決めなければならない。最初の質問は，指示的な質問よりも，一般的な質問のほうがよい。それは，学生がどのような話題に関心があるかを聞き出しやすいからである。学生の興味や関心を理解していれば，それに応じた質問が組み立てやすくなる。

　最後に，最初の質問は，学生に指示を与えるものか，それとも役割を課すものか，を決定する。また，学生にはできれば数分以内に要約して，コメントするよう要請する。学生が断るかどうかは，教師の問いかけに影響される。例えば，"それでは，あなたの結論を話してください" という問いかけでは，学生に選択の余地がない。それよりも，"君から始めてくれないか？" と問いかけたほうが，学生に受け入れられやすい。

（c）学生を指名する問い

　第2に決定すべきことは，学生を個々に指名するか，それともボランティアを募るか，を決める。もし，ボランティアを募る場合，挙手した学生をランダムに指名する。ただ，挙手した順番に学生を指名すると，一部の学生は自分の番になるまで，注意力が散漫になる。

　また，学生を指名する場合，テーマに精通している学生，あるいは関心ある学生が候補者となる。なかでも，討議に貢献しそうな学生，自らの考えを述べることができそうな学生や，社交的な学生を，教師は選ぶだろう。

　学生に質問する場合，心しておくことが2つある。まず，「具体的な質問」か，それとも「抽象度の高い質問」にするかである。例えば，"この会社の役員にとって，適切な水準とは何か？"という問いは，抽象度を高めるために使われる。

　一方，"その役員は辞職すべきか？"という問いは，特定の場面で使われる。また，具体的な問題を討議する場合は，抽象度の低い問いになる。それとは逆に，学生の視点を広げる，要約させる，あるいは重要でありながら，まだ検討されていない問題に焦点を合わせようとする場合は，抽象度の高い問いになる。

（d）特定個人に対する問い

　例えば，"松本さん，あなたが合成繊維産業で働いていたことを知っている。そこで，あなたの考えを披露してもらえないだろうか？"という問いは，特定個人に向けた質問である。学生本人はよく知っている強みから，発言する機会が与えられる。そのうえ，クラス参加者はその学生から学ぶことができる。

　しかし，特定個人に対する質問はメリットもあるが，リスクもある。確かに，松本さんはその産業に精通しているかもしれないが，その知識が，討議している時点で，必要とされているものかどうかである。たまたま，彼はその日の授業を準備してこなかったかもしれない。そのうえ，上手く説明できない場合もある。

　また，教師があまりよく知らない参加者のなかに，特定の問題に関心を持ち，

見識のある学生がいるかもしれない。そういう学生からすれば，"自分は無視された，どうして松本が選ばれたのか"と思うだろう。"えこひいき"と思われるかもしれない。そのようなリスクを処理する方法の一つは，松本さんの発言の直後に，"この問題に特別な関心を持っている人はいませんか。もし，いたら挙手してくれませんか？"と，参加者全員に聞いてみるとよいだろう。

　討議を軌道に乗せるためには，注意すべきことがある。

① 授業開始直後は，挑戦的な質問は控える

② ケースを精読してきたことがわかるまで，仮説的な質問を控える

③ 学生は，教師の質問攻勢を敵対的行為，と見なす

④ 相手のことがわかるまで，コールド・コールは避ける

⑤ 学生が引き受けやすい質問から始める

　　例，"松本さん，これは難しい問題なのだが，君から始めてくれないか？
　　　　最初に，どこから取り組んだらよいだろうか？"

⑥ 討議中盤以降，ハードな問題を質問する際は，学生に考える時間を与える

⑦ 指示的な質問を続けてきた場合，教師の役割をクラスあるいは，学生に委ねることがある

　　例，"今まで明らかになったことを前提に，湯沢さん，次はどのような問いを発したらよいだろうか？"

（e）効果的な質問戦術（TIPS）

　ハイマン（Hyman），カルシスなど，多くの教師は，質問の仕方について，次のような質問戦術を示唆している。[7]

① 一回につき，一つの質問

　教師は，学生から何らかの返答を引き出そうとするあまり，最初の質問を別の言葉で，言い直すことがある。しかし，多くの場合，言い直すことによって，質問は別のものになってしまう。そのような長く，複雑な質問は，ク

ラスを混乱させる原因ともなりかねない。したがって，質問は簡潔で，明確なものがよい。

② 焦点を絞った質問

"コロナ・ウイルスをどう思うか"というような漠然とした質問をしたとすると，学生からの返答が討論テーマから逸脱することがある。そこで，"コロナ・ウイルスは，わが国の経済にどのような影響を与えるか"と焦点を絞った質問をしたほうが，具体的である。

③ 学生の返答への合意を求める

ある学生が返答した場合，他の学生にどう思うか，聞いてみるとよい。"湯沢さん，あなたは松本さんの意見に賛成ですか"と問うことにより，他の学生を討議に引き込むことができる。

④ あまり発言したことのない学生や，発言したがらない学生を討議の場に引き出す質問をする。

例，"ケース「ゼロックス」に関するあなたの感想は？"あるいは"ケースのなかで，最も印象に残ったことは何ですか？"など，自由に発言できるオープン・エンドな質問を採用する。

⑤ 討議のテンポと，方向性を変えるための質問

a）見方を設定する。

例，"もし，あなたが一つだけ要因を取り上げるとしたら…""一言で，一の最も重要な要因をあげてください"

b）抽象的な問いから，具体的な問いへ，あるいは，一般的な問いから特定の問いへ

例，"具体的な例をあげることができますか？""ファクシミリ産業に関するあなたの研究から，イノベーションを促す主要な要因はなんでしょうか？"

c）まとめる，あるいは終了させる：

例，"松本さん，本日，討議したテーマ2つを取り上げるとしたら，なんでしょう？"

⑥ 探索型の問いを使う

探索型の問いとは，学生のアイディアや，仮説に注意を払い，事実関係を解明する問い，他の問題との関係や，説明を掘り下げる問いをいう。

教師：“円が下落するとは，なにを意味しますか”

学生：“それは，ええと，昨年は円で一定量の原材料を購入できたのに，今年は昨年なみに購入できなくなる，ということです”

教師：“そうすると，会社の収支にどのような影響があると思いますか”

⑦ 学生同士の討議を促す[8]

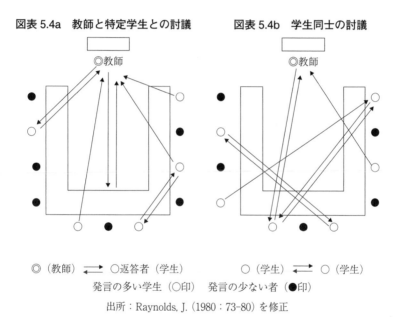

図表 5.4a　教師と特定学生との討議　　　図表 5.4b　学生同士の討議

◎（教師）⇄ ○返答者（学生）　　　　○（学生）⇄ ○（学生）

発言の多い学生（○印）　発言の少ない者（●印）

出所：Raynolds, J.（1980：73-80）を修正

図 5.4a は，教師が特定の学生との討議，すなわち，教師主導による問いかけと，学生からの返答状況と，学生同士の討議が少ない状況を表している。これは討議というより質疑応答（question and answer）に近い状況である。

一方，図 5.4b は，学生同士が討議している（インタラクティブ）状況を表している。この状況における教師（討議指導者）は，できるだけ学生同士の

討議を奨励することにある。そのため，学生には授業中にとなり同士でバズ討議（後述）させる，クラス全員に対して2つの対峙する案を示して，「賛成する側」と「否定する側」に学生を分けて，学生同士で討議するなどの工夫により，討議を促す。

　討議型教育がうまくいくかどうかは，教師の能力だけでなく，参加者の態度に大きく依存する。日本の大学では，講義方式の授業が中心である。しかも通常の授業でも，討議する機会は極めて少ない。それゆえ，教師が，かりに討議型授業を導入しても，学生の積極的な参加が伴わないならば，失敗に終わるだろう。

　図表の 5.4c は，教師による学部の学生（学部生，MBA 学生，社会人）討議指導（「指示的」か，あるいは「非指示的」か）と，参加者の「成熟度（学部生，MBA 学生，社会人）」あるいは「討議に対する態度」との関係を表している。社会人参加者のなかにも，討議授業に不慣れな参加者（含，管理者）がいる。このような場合，はじめは教師主導（directive）の討議授業になるだろう。[9]

図表 5.4c　教師による討議指導（指示的・非指示的）と，参加者の成熟度との関係

出所：Sudzina（1999）を参考に作成

討議型教育がうまくいくかどうかは，教師の能力だけでなく，参加者の成熟度，あるいは態度にも依存する。それゆえ，学生同士，あるいは参加者中心の討議型授業を導入しようとするならば，教師のティーチング・スキル向上が求められる。

⑧ 学生を討議に参加させるために，教室内を歩き回る。ある学生が返答した場合，教師はその学生のほうへ移動するのが自然な動きであるが，この行為は他の学生たちの参加を除外することになる。そこで，他の学生を討議に引き込むために，学生の話を聴きながら，その学生（座席）から遠ざかる。この行動は，他の参加者を討議にまきこむためでもある。

（d）してはいけない質問

　教師として，「してはいけない質問[10]」がある。

① イエスかノーか，を問う質問はできるだけ避ける

　学生を思考する方向に導いていこうとするならば，"イエスか，ノー"かの質問ではなく，"なぜ""どうして"という問いを発する。

　また，"もし，あなたの主張が正しいとするならば，日本の自動車産業はどうなると思いますか"という結果を予測する質問や，仮説的な質問を使う。

② 一つの回答しかない質問は避ける

　経営の分野では，同じ出来事に対しても，さまざまな見解がある。そこで，討議を促すには，複数の回答がある質問をするほうがよい。それに，計算問題を除けば，正確な回答を求めない。

③ 答えを誘導する質問は避ける

　例えば，"そうは思いませんか？"という問いは，質問の形をした答えになる。権威ある教師が，このような形で語りかけることは，間違いないという意味になり，学生から自由な発言を引き出せなくなる。誘導質問は，教師の抱いているバイアスや仮定を表すものであり，質問は回答者が抱いているものと，異なるかもしれない。

④ 学生に"理解していますか"という質問は避ける

"誰かわからない人はいますか？"あるいはそれに近い問い，"どうやって結論に達しましたか，皆さんわかりますか？"という問いは避ける。

⑤ 教師自身が使う特定分野の専門用語や学術用語，ボキャブラリー（語彙），学生が学習していない理論や，コンセプトを使った質問は避ける

例えば，討議の最初の段階で，学生が使う用語について，その言葉の「定義」について問い返したところ，返答できなかった。討議中に使う用語，カタカナ文字の定義，などを明確にしておかないと，お互いにすれ違ったまま討議が進むことになる。とくに，日本語はハイ・コンテクスト（曖昧）な言語であることから，討議の最初の段階で，使う用語を統一しておかないと，誤解，コミュニケーション・ギャップが生じる。

⑥ 学生の心理状況（例，プライドなど）を考慮した質問をする[10]

例えば，イエス，ノーを問う質問は，相手を心理的に追い込むことになるので，必要な情報が得られにくい。

⑦ 多重（マルティプル）質問は避ける

多重質問とは，1つの質問の中に複数の質問が含まれている，個別に答えられないような一連の質問群をさす。複数の質問に対して，返答者は，質問の一部分のみについての，解釈不能な返答を返さざるを得なくなる。

以上，質問に関する例を紹介してきたが，ケース討議指導者は求められる能力の一つである「質問力」を磨くことである。

(3) 傾聴 (Listening)

討議指導者である教師に求められる第2の技能に"傾聴"がある。"聴く (Listening)"とは，言葉以上の意味が含まれる。"聴く"には，話し手の返答を単に理解するだけでなく，内容をどれだけ理解しているか，記述されている情報を使い，どこまで分析しているか，そして，クラスにどれだけ貢献するか，が含まれる。

また，学生が発言している間，教師は積極的に聴き（Active Listening），その

内容を把握し，どう対応（Responding）するか，を決めなければならない。そもそも，"傾聴する"とは，聴覚だけでなく，視覚を伴う行為である。

　話し手を注意深く観察していれば，"明瞭に聞き取れるか？""活き活きとした表現か？""誰に向かって発言しているか"など多くの情報が得られる。

　"傾聴"に関して，R. クリステンセン教授は，少なくとも2つの点に注意を払っている。まず，話し手の発言内容と論理，そして次に，それまでの対話と，その後に続く対話に発展するかどうか，を評価しようとする。特に，後者は大きな意味を持っている。発言は，討議の流れを強めようとするものか？それとも，これから探究する方向から逸脱しようとするものか？次の話し手にどうバトン・タッチしたらよいだろうか？を判断する。

　また，教師は，この学生は主題にどれくらい真剣に取り組んでいるか，あるいは第三者的な立場で発言しているのか，声のトーン（調子）と抑揚で理解する。

　"傾聴"のもう一つの側面は，学生の発言内容が，他の学生たちを納得させるものであるかを，学生自身が判断できるかである。その意味において，教師は，学生自身が発言した見解の長所と短所をわかっているか，を理解しようとする。

　対話が進むに連れて，教師はオーケストラの指揮者のように，学生一人ひとりの言動だけでなく，クラス全体の動きにも注意を払う。例えば，クラス全員は一緒になって聴いているか，それとも一部の学生は注意力散漫になっていないか，を瞬時に判断する。このほか，教師は，学生だけでなく，教師自身の聴く能力に注意を払う。例えば，学生の話を，教師自身の聴く能力を阻害する要因はなにか？それとも，教師の信念が理解の妨げになっていないか，である。

　もう少し具体的にいうと，教師は，その日のクラス・プランに沿って，討議を進めようとする。その際，どうしても学生に学習させたい教育目標があると，逆に学生の発言内容を，あまり詳しく聴こうとしなくなる。そのうえ，一定の教育領域をカバーしようとするあまり，本当に理解した学生がわずかしかいないにもかかわらず，クラス全体が理解したものと早合点して，対話を先に進めようとする。このように，対話のスピードを早めることは，教師の聴く能力を

阻害する。

　傾聴する能力は，自己学習 (Self education) と，自己訓練 (Self Discipline) によって，ある程度改善できる。もし，傾聴する能力を高めようとするならば，常日頃から学生が話している言葉，娯楽，スポーツといった話題から，学生をよく知り，理解することである。

　また，学生の発言を選択的に聴く。もし，90 人規模のクラスで，学生が 1 分間 500 語話すと仮定すると，学生の発言すべてを処理することは不可能である。そこで，教師はその日の教育目標に重要と思われる発言を選択的に聴かなければならない。

　さらに，教師は，"この会社は消費者を殺した—"というような価値判断を伴う発言内容に注意を払う。その際，判断基準や前提条件がハッキリしているか，結論に至るロジック (Reasoning) は通っているか，を判断する。

(4) 対応 (Responding)

　学生の返答に応じる方法には，さまざまな選択肢がある。この点に関して，ジェイムス・エリスキーネ教授[11]は，

　①学生の発言をリピートする，そして解明しようとする，

　②念入りに聴く，

　③言い換える，

　④議題 (討議題目) を変える前に要約する，

　⑤学生 (話し手)，あるいは議題を変える，

　⑥学生 (話し手) を別の立場に立たせる，

　⑦学生の返答に対して，礼を言う，

　⑧学生の発言内容を評価する，

　⑨ポイントを強調する，あるいは関連する情報を伝える，

　⑩対話を中断する，

　⑪非言語的 (ノン・バーバル) に対応する，

　⑫学生のコメントを記録する，などをあげている。

そこで，教師と学生との応答例を示そう。

対応例

① 学生の対応をリピートする，そして，解明する：
　　学生の対応が，クラス全員に聴こえるかどうか，を確認する。また，発言内容が複雑な場合は，学生に言い直させるか，教師がリピートする。
　　例 a）"あなたの言ったこと，もう一度繰り返してくれないか？"
　　　　b）"もう少し，大きな声で話してくれないか？"
　　　　c）"あなたの言ったことは，………こういうこと！"
② 念入りに聴く：
　　学生の論点を明確にするため，より詳しい説明を求める。
　　例 a）"なぜ"，"もっと言ってよ"，
　　　　b）"もう少し，詳しく""これ以上発言することはないか？"
　　　　c）"その案を選択した根拠は？""その根拠は，定量的分析に基づいたもの？"
③ 言い換える：
　　"言い換える"ということは，学生の発言内容を十分理解し，教師が別の言葉で表すことである。
　　例 a）"製品を低価格に値付けするとは，30%のマーケット・シェアを獲得しないと，
　　　　　損益分岐点に達しない，ということになるね？"
④ 要約する：
　　関連ある考えをまとめる，結論を提案する，学生が示唆する箇所を述べる。
　　例 a）"この案は，費用がかかるという視点で要約していい？"
　　例 b）"誰か，分析してきたことをまとめる人はいない？"
　　例 c）"今まで討議してきたことを，ちょっとまとめてみようか！"
⑤ 別の学生に意見を求める，あるいは話題を変える：
　　教師は学生（発言者）だけに焦点を合わせるのではなく，別の学生やクラス全体に話しかけることにより，討議を前に進める。また，討議が滞った場合には，話題を変える，あるいは今までの発言を振り返る。
　　例 a）"松本さんはこう言っているけど，皆さんはどうだろう？"
　　例 b）"どなたか，この問題に追加したいことはありますか？"
　　例 c）"この問題に大分時間を割いたので，そろそろ次の設問に移ろうか？"
⑥ 反対の立場に立たせる：
　　学生を，自身の見解と反対の立場に立たせることにより，別の視点で考えさせる。
　　例 a）"じゃ，ちょっと全く反対の立場で討議してみよう。否定的な要因はなにか？"
　　例 b）"かりに，あなたの仮説が成り立たないとしたら，あるいは資金が足りないとしたら，あなたの結論や推奨案にどのような影響を与えると思う？"
⑦ 礼を言う：
　　クラス討議に貢献した学生に対して，教師は礼を言う。

例 a ）"うなずいたり""ありがとう"と言うことにより，発言者のモチベーションは あがる。

⑧ 評価する：

時には，評価者としての立場で応答する。否定的な評価の場合，教師は発言者のコメ ントを「黒板に記録しない」，詳しく聞かずに「別の学生にスイッチする」，などの行 動で表す。

例 a ）"本当にそう思っているの（声のトーンを変える）？"肯定的な評価の場合，

例 b ）"グッド・ジョッブ"，"ウエルダン，しょういち！"という表現で評価する。

⑨ ポイントを強調する，あるいは関連情報を伝える：

教師は，基本的なイシュー，あるいは理論的な視点で，ケースに記述されている諸事 実を解釈する，ポイントを強調する，あるいは各種のメディアを引用して，関連する 情報を提示する。

例 a ）"ちょっとテキストを見てみよう。この問題を分析するツールは，どこかに書い てなかったかな？"

例 b ）"このテーマに関して，誰か説明できる人はいないか？""この手法について， 以前学んだことがあるのではないか？"

例 c ）"実は，この会社に訪問したことがあるんだ。確か，会社の直間比率は，1 対 10 ぐらいだったかな！"

⑩ 中断する：

学生の発言が，主題から外れた場合，話を中断させる。そして，要約して，主題に戻す。

例 a ）"ちょっと中断するね。あなたの言わんとしていることは，こういうこと？"

例 b ）"我々は，本来のポイントを見失ってしまったようです。もう一度，…というテー マを取り上げてみましょう！"

⑪ 非言語的に対応する：

教師が学生の発言を傾聴していることを示すために，学生と目を合わせる，うなずく， 顔の表情（微笑む，眉をひそめる）で，応える。また，討議の流れを中断しないため， （例えば，ある学生の発言を，別の学生が遮って発言するのを防ぐ）手で待て，の合図 を送る。さらに，学生同士の討議が白熱しすぎた場合，教師が 2 人の中間点に立ち，（間 接的に）ブロックする。

⑫ 記録する：

「記録」は，多くの教師にとって，討議の要点を保存する手段にすぎないが，学生が適 切なコメントをした時や，討議に貢献した時，"報酬"としての意味が含まれる。「記 録する」メリットは，クラスの学生が，討議が目指す方向を理解する手助けになる。 そして，記録した要点を，教師および学生たちともに，参照，あるいは引用が可能に なる。ただ，学生の発言を正確に書き留めようとすると，討議が中断することになる。 さらに，すべての発言を記録することは，スペースの関係から不可能である。そこで， 教師は学生の発言を要約し，記録する。時には，学生の発言を解釈し，"こう書いたけ ど，これでいいのか？"と確認をとる。

出所：Erskine, James A. (1981), Davis, B. (1993), Wasserman, S. (1994)[12)]を参考に作成

　以上，対応例をあげてきたが，これだけでは，対応できないだろう。対応には，

　①即答が求められる，

　②対応よっては，その後の討議に大きな影響を与える，

　③事前に準備できるものではない，からである。

(5) 対応のアート

　「対応」するには，討議の流れ，個々の学生，およびクラス全体の動向を評価し，テーマと関連付けながら，どのような対応が適切かを予想し，即答しなければならない。こう考えると，最も貴重な資源は時間である。対応に必要，かつ重要な情報は，対応するその瞬間における状況である。ほんの数秒前までの状況は，どうだったのか？前の発言者の見解は？現在のクラスの雰囲気は？を数秒のうちに，そうした状況と，それまでの発言を考慮し，次にどのような対応が適切かを予想し，討議を進めていくか，を決めなければならない。

　それには，さまざまな対応の仕方がある。例えば，同じ学生に対してだけでも，①より念入りに聴く，②要点を再述してもらう，などの対応が，思い浮かぶ。教師は，これらの選択肢すべてを，瞬時に考えなければならない。もし，教師が数十秒間黙っていると，教師の対応を待っている学生たちには，長い沈黙と感じるだろう。そのような時間というプレッシャーに直面した場合，"どのように対応したらよいだろうか？" "妙案はあるだろうか？" この点に関して，R. クリステンセンは，「ディシジョン・ツリー (Decision Tree)」を，後輩たち (教師) に推奨している。

　彼は，次のステップを経て，対応の準備に入る。

第1ステップ：教師は，まず，第1に学生の発言を，2つの点に注意して聴き取ろうとする。そして，発言の価値を理解し，評価する。それと同時に，発言が終了した時，どのように対応したらよいか，その作業に入る。この場合，もう少し掘り下げた対話が必要であると判断した場合，「ディシジョン・ツリー」

を使うことにしている。

「ディシジョン・ツリー」は，複雑な状況を"イエス，あるいは"ノー"の一連の選択を通じて，可能な選択肢を明らかにするのに有効なツールである。

例えば，学生が発言を終えようとするとき，教師は，① 学生と教師との討議を続けるか，それとも ② 学生同士の討論へと広げるか，を決めるとする（図表5.5）。

図表5.5　選択肢1

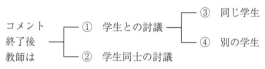

出所：Christensen, R. (1991) の見解をもとに作成

また，③ 同じ学生と対話を続けようとするならば，教師には以下の選択肢が考えられる（図表5.6）。

図表5.6　選択肢2

③　同じ学生と　── ⑤　学生の考えを探究する
　　討議する　　── ⑥　既に提示されている関連する
　　　　　　　　　　　見解を問う
　　　　　　　── ⑦　学生が自身の結論をディフェ
　　　　　　　　　　　ンスできるかを問う

出所：Christensen, R. (1991) の見解をもとに作成

まず，⑤ の選択肢は，前提としている仮説を明らかにし，分析の質を吟味し，その結論の妥当性を検証することによって，学生の考えを探究する。

第2の選択肢⑥ は，発言者に対し，既に同僚から提示された関連する見解をどう考えるか，を問うことにより，発言内容を広げる，あるいは深める。

第3の選択肢⑦ は，発言者の考えと異なる証拠を示す，あるいは問題に対する異なる解釈を提示することにより，発言者が指摘した見解にチャレンジさ

せる。そうすることにより，発言者は自身の見解をどの程度ディフェンスできるか，を試すことができる。

　逆に，教師が，④ 別の学生との対話を求めるならば，⑧ その前の発言者と同じ質問を繰り返すか，⑨ その質問内容を修正するか，それとも ⑩ 異なる質問をするか，を決めなければならない（図表5.7）。

図表5.7　選択肢3

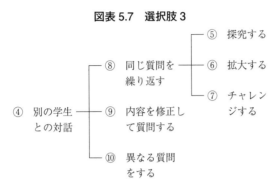

出所：Christensen, R.（1991）の見解をもとに作成

　もし，⑧ 別の学生に，同じ質問を繰り返す場合には，⑤ 再度探究するか，⑥ 拡大するか，それとも ⑦ チャレンジするか，を繰り返す。

　ディシジョン・ツリーのもう一つの大きな選択肢，すなわち，② 学生対学生の対話を重視したい場合には，3つの選択肢がある（図表5.8）。

図表5.8　選択肢4

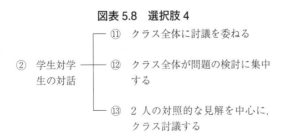

出所：Christensen, R.（1991）の見解をもとに作成

この場合，教師は一歩退いて，討議指導を最小限に留め，⑪ クラス全体に
討議を委ねる，⑫ あるいは，前の質問を繰り返す，関連する質問を提起する
ことにより，クラス全体が問題の検討に集中するよう示唆する，⑬ それとも，
主要問題に関し，2人の学生にそれぞれの（対照的であることが望ましい）見
解を述べさせ，そこから討議の方向を見いだし，クラス討議を発展させる。

　以上のように，ディシジョン・ツリーの使用は，即答が求められるタイム・
プレッシャーから，少しは解放してくれるだろう。

　第2ステップ：教師がディシジョン・ツリーを活用することにより，対応の
選択肢を広げようとするならば，ほかの要因をも考慮する必要がある。例えば，
ある学生が“航空業界の規制緩和を支持する”見解を終えた時，教師はその経
済性分析の正当性や，および推奨案の論理に注意を払うだろう。

　しかし，その対応には，別の要因を考慮しなければならない。これからの対
話が，その学生にどのような影響を与えるか？

　クラスでの発言は今回が最初だろうか？

　発言前は不安な態度を示していなかったか？

　声の調子はどうだったか？などおかれている学生個人の状況である。

　このような場合，対応は学生の見解，グループ全体の動向を考慮して，最善
の対応策はなにかを予想し，処理しなければならない。

　これら異なる要求に対応するには，「心に留めておく事項」がある。

① 対応は，発言者の自尊心あるいは，クラス・メンバーとの関係を悪化させ
　ないだろうか？

② 対応は，個々の学生の主張と，グループ全体の動向とがうまくバランスを
　とれているだろうか？また，その時点の発言者のみではなく，多数の学生
　に関心ある問題に焦点を当てているだろうか？

③ 対応は，クラスの関心事と，当日のケース・プランをカバーすべき領域と
　の間で，バランスがとれているだろうか？学生の関心を無視した対応であ
　るならば，参加意欲が減退するのではないだろうか？

④ 対応は，主題に関する知識をグループ全体に広げ，そして討議の質をあげるものだろうか？

　また，対応が現実的でなかった場合，すぐに失敗を認め，手際よく訂正できるだろうか？

⑤ 対応は，学びの共同体[13]で求められる規範と価値に適合しているだろうか？

⑥ 対応は，利用可能な授業時間と，主題を探究するために必要な時間とのバランスがとれているだろうか？

　第3ステップ：学生の返答に対応するために，いくつかの「ガイドライン」を設けておく。

① たとえ，学生の発言に，多少のミスや，不備な点があったとしても，あまり問題にしない。ただ，事実に対する認識や，大きな判断ミスがあった場合，学生に修正を求める。学生の発言に完璧さを求めることは，時間の無駄になる。また，発言に疑問が残ると感じたとき，その内容を明確にするために言い直しを求める。

② たとえ，学生の発言が優れたものであったとしても，現在討議しているテーマとは関係がない場合，教師はその価値を認めたうえで，"もう少し後で取り上げよう"あるいは"クラス終了後に話し合おう"と返答する。また，その参加者がその価値を評価できない場合，教師は，"あなたの発言を参加者がよく理解しているとは思えないので，あなたの考えをもう一度話してくれないか？"と繰り返してもらう。

③ 例えば，学生の優れた発言に対する対応には，称賛は叱責と同様にリスクがある。称賛は学生を動機づけるが，皆の前で目立ちたがるようになる。この場合，教師は教室における称賛は最小限に留める。ただ，学生の貢献に対し，本人に知らせたほうがよいと判断した場合には，クラス終了後，"クラス討議に貢献した"というメモを直接手渡すか，あるいは話しかけるとよいだろう。また，要約する時や，その後の討議のなかで，その学生のコメントを引用する。ただ，特定の見解を"称賛"することは，できるだけ

避ける。それは，その学生の見解を褒めたとしたら，学生たちは，ケースに "最善の解（スクール・アンサー）" がある，それ以外のものは褒めない" と判断されかねないからである。

④ "明白な論拠がないにもかかわらず，白か黒か" という極端に感情的な発言に出会うと，まず，最初に感情的な要因に対して対応する。いつの時代でも，議論を呼ぶホットな問題がある。今の話題では，韓国による賠償請求の問題が思い浮かぶだろう。[14] そうした問題は，教室に非合理的な議論を引き起こしかねないが，感情の広がりと深さを参加者が認識すれば，暴発を避けることができる。

⑤ 今まで，沈黙していた学生が初めて討議に参加した場合，教師は支持的に応答する。たとえ，発言者のコメントの質がそう高くないとしても，次の質問に繋がる価値あるものが含まれている。そのような場合，学生の発言を支持しそうな学生（個人ファイルの参照）のなかから，できるだけ支持する話し手を選ぶとよい。

⑥ 学生の質問に，答えられないことがある。"それについては，私（教師）もよく知りません" と，対応する。あるいは，"誰かその質問に答えられる人はいませんか" とクラス全員にたずねるか，あるいは "次のクラスで報告する"，と対応する。

　おそらく対応は，討議指導者（教師）にとって，習得しがたい技能である。将来，いろいろな質問は類型化されるであろう。もし，そうなれば，特定ケースの討議に必要な質問リストを作成し，いろいろな状況を想定し，十分な予習をして，授業に臨めば，リスクは軽減されるだろう。また，傾聴する技能は普遍的なものである。毎日のクラス討議授業の実践から学ぶことにより，徐々に聴き上手になれる。しかし，我々教師は，対応についてはよく知らない。ほとんど即答が求められる対応に対して，教師はどのような準備ができるだろうか。

注・引用文献

1) Christensen, C. Roland, David A. Garvin, Ann Sweet (1991) "The discussion Teacher in Action: Questioning, Listening, and Response", *Education for Judgement-The Artistry of Discussion Leadership-*, HBS Press：153-171.

2) 一色正彦・田上正範・佐藤裕一 (2013)『理系のための交渉学入門』東京大学出版会：57-58。

3) S. B. メリアム著，堀薫夫・久保真人・成島美弥訳 (2009)『質的調査法入門　教育における調査法とケース・スタディ』ミネルヴァ書房：106-109, 113-114。
Hennink, Monique, Inge Hutter, Ajay Bailey (2011) *Qualitative Research Methods*, Sage, p160 を参考に作成。

4) 谷原誠 (2014)『するどい質問力』三笠書房：52-55。

5) Lowman, Joseph (1995) *Mastering The Techniques of Teaching*, JOSSEY-BASS：195-196, 邦訳あり。
Bloom, B. S. ed. (1956) *Taxonomy of Educational Objectives, Handbook I : Cognitive Domain*, New York: Longmans, Green.

6) Kriger, Mark P. (1993) "The Art and Power of Asking Questions", Charles Vance ed., *Mastering Management Education-Innovations in Teaching Effectiveness*, SAGE：12-14, 17-18 を修正。
レベル 1 は，"Knowing (知識の獲得)，Having (データ＋情報＋リソース)"，レベル 2 は，"Analyzing (分析)"，レベル 3 は，"Doing (代替案のアクション)"，レベル 4 は，"Being ("あるべき姿")" というコンテンツを問う質問に分類。

7) Davis, Barbara Gross (1993) *Tools for Teaching*, Jossey-Bass Publishers：85-87, 104-116. (香取草之助監訳 (2002)『授業の道具箱』東海大学出版会)

8) Raynolds, John L. (1980) *Case Methods in Management Development*, ILO, Management Consulting：73-80.

9) Sudzina, Mary R. (1999) "Guidelines for Teaching with Cases", *Case Study Applications for Teacher Education*, edited by Mary R. Sudzina, Ally and Bacon：9-18.

10) Kashani, Kamran (2005) How I Teach Cases: A Personal Guide to Leading Effective Case Discussion", *International Journal of Marketing Education 1(1)*, Senate Hall Academic Publishing：2-8.

11) Erskine, James A., Michel R. leenders, Louise A. Mauffette-Lennders (2003) *Teaching wih Cases, Third Edition*, Richard Ivey School of Business, The Universiy of Western Ontario：115-127.

12) Wasserman, Selma (1994) *Introduction to Case Method Teaching: A Guide to the Galaxy*, Teachers College, Columbia University Press：93-116.

13) Learning community (学びの共同体) に関しては，高木晴夫・竹内伸一 (2006)

『実践！日本型ケースメソッド教育』ダイヤモンド社：29-31。

高木晴夫監修，竹内伸一 (2010)『ケースメソッド教授法入門—理論・技法・演習・ココロ』慶應義塾大学出版会，第 4 章。

Barnes, Louis B., C. Roland Christensen, Abby J. Hansen (1994) *Teaching and the Case Method - Text, Cases and Readings Third Edition*, HBS Press：23-33 参照。

14) 杉井敦・星野了俊 (2014)『防衛大学校で戦争と安全保障をどう学んだか』祥伝社。例，ロシアの北方 4 島占領，韓国の竹島占領，中国による尖閣諸島の領有問題などがある。

第6章　クラス・ティーチングIII

　前章では，討議指導者に求められる技能である「問い」「傾聴」「応答」という教授サイクルについて，触れてきた。本章では，討議のまとめ，教師のティーチング・スタイル，討議授業における工夫について，概説する。

(1) ラップアップ

　クラス討議が終了した場合，多くの教師はなんらかのまとめ (ラップアップ) を行う必要性を感じている。しかしながら，"どのようにクラスを終了するか？"という問いに対する答えは千差万別である。それは，クラス討議の最後に要約すべきかどうかについて，教師間で意見の不一致があるからである。その一つは，教師のパーソナル・スタイル，教育目的，学生のレベルなどの違いによるものである。

　また，まとめる内容にしても，
① ケース内容を理論的な視点からミニ講義する，
② 討議した要点をレビューする，
③ ケースの特定部分をハイライトし，解説する，
④ ケース討議で触れなかった箇所について言及する，などの選択肢が考えられる。

　そこで，幾つかの例をあげよう。
1) 意見の食い違いがあるものの，多くの教員はケース・ティーチング・ノートのエピローグを参考にして，クラス討議のまとめを行う。ノートのなかには，その後主人公が，どのようなアクションをとったか，に関する情報

が入手可能な場合，そのコピーを学生に配付して，補足する。

また，ケースに付随したビデオ教材が入手可能な場合，主人公のコメントをスクリーン上に再現する。

2) 時間どおりに授業が終了しない場合がある。例えば，ある教師の場合，議論が白熱して，時間切れで終了することがある。そして，"おや，もう時間になりました。それでは，次の授業でお会いしましょう。—"という結語では，教師も，学生も不満が残る。この場合，教師は"時間を延長していいかどうか"学生に意見を求め，延長することもある。もし，延長できない場合には，次回の授業に討議の続きを持ち越すことになる。

3) クラス終了時，"なにか，質問はありませんか？"と学生に質問する機会を設けることがある。その際，学生は教師に，ケースの"正解"を求めることがある。この場合，あくまでも個人的な見解（正解ではない）であると断ってから，返答する。一般的に，教師はクラスで持論を述べるべきではない。個人的見解であろうがなかろうが，教師の返答が学生に"正解（スクール・アンサー）"である，と誤った情報を与えることになる。それゆえ，なんらかの返答が求められた場合は，クラス終了後のインフォーマルな場で，個人的見解であると断ってから，返答すべきである。

4) 時には，教師自身が開発したケースを使うことがある。そのような場合，企業でどのような事件だったか，を最後に紹介する。もちろん，企業秘密や仮装した箇所を暴露することは禁じられているが，企業の決定が，必ずしも最善な策を選択したことではないことを学生は実感するだろう。その際，教師は当時と現在の状況が異なってしまっていることについても触れる。

クロージングには，幾つかのパターンがある。

1) 当日の討議を振り返る。

　通常，教師は，その日の討議に貢献した学生の発言（あるいは板書）を引用しながら，討議の各プロセスを振り返って再検討を行い，最終的な結論や知見を一般化する，あるいは普遍化する。

　企業研修の場合，討議の結論に対するレポートを提出させる，あるいは，得られた結論を，今後職場での実践に活かしていくか，を記述させる。ときには，参加者にケース討議から学習したことを要約させることもある。

2) 討議では触れなかった箇所について言及する。
　例，ケース「ロータス社の国際市場への参入」[1)]
　① ビデオを視聴させた後，クラス討議をまとめる。
　② その後の出来事を引用する。マイクロ・ソフト社に関する関連資料を，学生に配布する。
　つぎに，
　a) 伝統的な貿易理論とプロダクト・サイクル・モデル，
　b) 産業構造との関係，
　c) ソフトウエア・ビジネスの特質について，講義する。
　③ 最後に，海外市場参入戦略に関する文献を紹介する。

3) 後日談について触れる。
　例，ケース「Nestle Japan」
　その後，ネスレ社は，日本におけるシリアル市場から撤退した事実を述べる。その生産設備（霞ヶ浦工場）が，フィリピンに移転した事実（日経産業新聞記事）を引用しながら，その経緯を説明する。最後に，この事業の失敗要因をあげ，一般化をはかる。

4) 教訓を引き出す。
　例，ケース「Fusion Systems Corp A」[2)]
　フュージョン社が開発した電機製品の日本における関連特許を巡り，同社と

三菱電機が対立した。同社はアメリカ連邦政府に助けを求め，日米両国の会議で取り上げられるまでの問題となった。知的所有権に関わる二国間の規制の違いから派生する諸問題が含まれている。

ステップ①：次のケースBを手渡す。学生に一読させた後，その後，起こった出来事について討議する。

ステップ②：ビデオ視聴（主人公のコメント）する。

ステップ③：ケースから学んだ教訓を引き出す。

5）ビデオ教材の視聴

例，ケース「Kentucky Fried Chicken in Japan」[3]

ケースの終盤に，主人公ロイ・ウエストン（日本支社長）や，三菱商事役員へのインタビューを視聴する。

画像を通して主人公の人物像，その実直な発言と親しみやすさ，日本市場開拓への熱意，日本におけるセールスマンとしての実績，海外ビジネスに対する視野の広さなど，ケース（文章）では到底得られない情報が得られる。その結果，ケースに記述されていない部分（アメリカ側の視点で記述された内容と異なる視点，すなわち日本側の立場での視点）を理解することにより，より広く深い理解へと学習領域が拡大する。

6）主人公の登場

リーダーシップに関するするIMDのケース（名称不詳）には，主人公が，悪戦苦闘しながら組織を変革していく状況が記述されている。討議の最終段階に至り，教室の最後尾に座っていた主人公（オランダ人）本人が登場し，教壇で学生の質問に対して応答する[4]。このように参加者と（ケースの）主人公との対話は，まだ余韻が残る討議結果や，それに至る討議過程を俎上に載せ，質疑応答から次の討議領域へと拡大する。

以上，クラス討議の最初から，まとめまでを解説した。

　ケース・ティーチングは，アートの部分が多く，経験を積んだ教師でも上手くリードできるとは限らない。それは，次の教師のティーチング・スタイルとも関係がある。

(2) 討議指導者のティーチング・スタイル

　あらゆるケース・ティーチャー（Case Teacher），あるいはディスカッション・リーダー（Discussion Leader）と呼ばれている教師は，それぞれのティーチング・スタイルをもっている。

　HBS ドーリーとスキナー教授は，ティーチング・スタイルを，「学習に対する責任（とその程度）」と，クラス討議における指導が「指示的な役割か，あるいは非指示的な役割を担うか」，という 2 つの機軸で分類している（図表 6.1）。

図表 6.1　討議の指導，ティーチング・スタイルと学習に対する責任

ティーチング・スタイル	討議の指導	学習に対する責任
① ファシリテーター	非指示的 (Non-directive)	学生に責任
② コーチ	やや指示的	学生に責任
③ クオータバック	指示的 (Directive)	かなり教師に責任
④ デモンストレーター	かなり指示的	教師に責任

出所) Dooley, A. and Skinner, C. W. (1997) より作成

　ケース討議における教師のティーチング・スタイル，例えば，討議指導（ディスカッション・リード）が「非指示的な役割（Non-directive Role）」を担う場合，「学びの責任（Responsibility for Learning）」は学生にある。このタイプの討議指導者を，「① ファシリテーター」と呼んでいる。その逆の場合，すなわち，討議の指導が「かなり指示的な役割（Directive Role）」を担う場合，「学びの責任」は教師にある。この討議指導者を，「④ デモンストレーター」と呼んでいる。

　一方，「② コーチ」と呼ばれる教師は，「① ファシリテーター」よりも討議指導で，より積極的な役割を演じる。

　それは，

　　ａ）学生にケースに記述されている重要な箇所や，イシューに関心をもたせ
　　　　る。
　　ｂ）ケースの特定箇所と，コースの他の箇所とを関連づける。
　　ｃ）ケースの記述内容を調べさせる，また問いを発することによりケース分
　　　　析を前に進める。

　さらに，未解決のイシューを議題にのせる，学生の論理や証言に疑問をもつ，
フィードバックする，討議中に要約する，などの指導を行う。「② コーチ」タ
イプの教師は，学生のケース分析の質や，得られた結論については，責任を負
わない。それは，「学生の責任」だからである。

　第3に，「③ クオータバック」と呼ばれる教師は，コーチ・タイプと異なり，
誰がいつ，誰に対して重大な決定を下すべきか，誰が重要な役割を演ずるか，
などのシグナルを学生に送る。この討議指導スタイルでの「学びの責任」は疑
いもなく教師にある。

　また，前述の「④ デモンストレーター」と呼ばれる教師は，伝統的なレク
チャーに近いアプローチを採用する。すなわち，教師は，学生にどのように分
析していくか，そのステップを教授する。例えば，記述内容を学生に分類させ
る，事実関係や，巻末の図表や資料を使って，分析させる。

　教師は，クリティカルな諸問題を見きわめ，その優先順位を決める，ケース
の記述内容を諸問題に関連ある要因と，無関係な要因とに分離する。そして，
適切な解決策を作成する。このようなデモンストレーションは，学生に価値あ
る学習となる。ただ，このアプローチでは，学生は受動的になる。

　一方，教師は，ケース分析を例示するが，学生は教師の話を聞く，ノートを
とる，聞き漏らした際は教師に質問する。

　以上，4つの「討議の指導，ティーチング・スタイルと学習に対する責任」
は図表6.1で表せる[6]。
　また，これらの関係を図示したものが図表6.2である。
　ところで，ジェイムス・エリスキーネ教授（2003）は，A. ドーリーとC. スキ

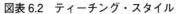

図表6.2　ティーチング・スタイル

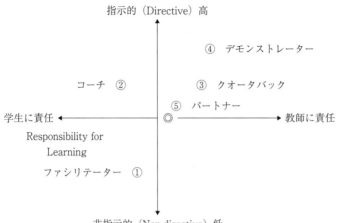

出所：ジェイムス・エリスキーネ教授が2006年，WACRA（ブリスベーン）における配付資料

ナー教授の分類は，すこし極端である，と結論づけている。彼は，多くの討議指導者（ディスカッション・リーダー）は，2つの機軸の中間点を占めるポジション（図表6.2　◎印，⑤パートナーと呼んでいる）に属している，とWACRA（World Association for Casemethod Research & Application）カンファレンスで報告している。

　通常，討議が，非指示的（Non-directive）な指導で，学びの主体が学生にある場合，討議指導者は，ファシリテーターと呼ばれている。しかしながら，教師がどのようなティーチング・スタイルをとるかは，いろいろな教育環境や状況によって変わる。

　それは，

①対象プログラム（学部，MBA，企業研修），

②コース（授業科目），

③ケース（コンテンツ），

④授業（学期）スタート時点からの経過日数（Time of Day），

⑤参加者数と質（MBA学生1クラスMax100人，成熟度の高い参加者），

⑥ 教室のサイズと環境（Non-Case Environment），

などの要因が，討議指導に大きな影響を与えるからである。

　かりに，半期（14〜15回）授業の場合，教師のティーチング・スタイルは，授業のスタート時点から，中盤，そして終盤へ進むにつれて変わる。例えば，① 教師，② 学習者個人，③ 学習者たちの関係で考えると，初期の段階では，① 教師から→（矢印）　② 学生個人や，③ 学習者たちへの「指示的」な指導になるだろう（図表6.3）。

図表6.3　教師の指示的な指導

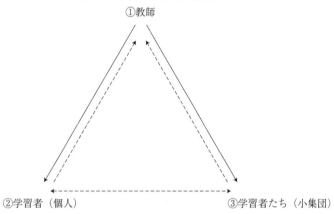

注：（点線----）は，②と③との対話が少ないことを表す
出所：IMD（2005：28）を修正

　また，グループ討議（② 学習者個人と ③ 学習者たちとのグループ討議）や，教師が討議中，しばしば「バズ・セッション」などを設けることにより，② 学習者個人と ③ 学習者たちとの対話が徐々に増えていく。

　授業の最終段階には，グループ討議，バズ・セッション（② 学習者個人と ③ 学習者たち間）での対話が増加し，教師のティーチング・スタイルも「指示的」な指導から「非指示的」な指導へ変わっていく（図表6.4）。

図表6.4　教師の非指示的な指導

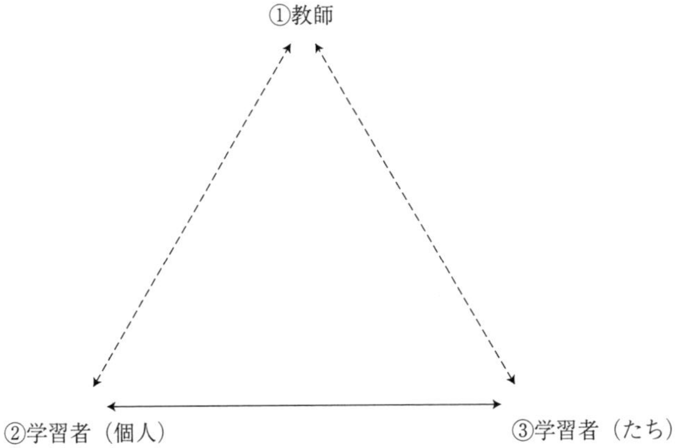

注：実線の部分（②と③との対話）が増加していることを表す
出所：IMD（2005：30）を修正

(3) 討議授業の工夫

演習問題

ミスター・ケースメソッドといわれた HBS の R. クリステンセン教授は，同僚の経験談に耳を傾け，得られた知見，技法を参考にして，自身の教授活動に活かしている。
そこで，読者である皆さんも，自身の経験をもとに授業の手法（Technique）について，同僚と話し合ってください。そのなかから，サジェスチョンする案がありましたら，書き出してください。

　この「演習」に対するサジェスチョンは，幾つかの文献に紹介されている。[7]
それらは，「教育手法」と「学生を動機づける手法」に分類できる。代表的な例をあげる。

「教育手法（Techniques）」：
① クラス討議中に「バズ・セッション」，あるいは「グループ討議」へ移行
　する，

② 討議中に「ロール・プレイ」する，あるいは主人公の立場に立たせる，

③「ビデオ」教材，あるいは異なる「メディア」を採用する，

④ 討議中，賛成あるいは反対する，など意見が対立した場合，賛成側・反対側に学生の座席を変えて，討議を続ける，

⑤ ときには，小休止する時間を設ける，

⑥ 討議状況に応じて，クラス・プランを中断する，あるいは変更する，学生が重要と認識した議題に討議を集中する。

「学生（参加者）を動機付ける手法（Techniques）」：

① 学生の発言を活用する，

② 学生自身の経験を引き出す，

③ 学生の見解（板書）をプロットする（矢印などで表示），あるいはアンダーライン（黄色などカラーチョーク）を引く，

④ 討議中，学生に討議した結果を要約させる，

⑤ 学生に投票させる方法で，参加者全員を巻きこむ。

　教育手法の中で，以下の「バズ学習」「ロール・プレイ」「対向討議法」「ビデオ教材」が，よく採用されている。

1) バズ学習，ロール・プレイ

　「バズ学習」[8]：バズ学習とは，討議中，参加者を3〜6名程度の小グループに分け，課題に関する討議を10〜15分間程度行わせる。得られた結果を持ち寄って意見発表を行い，全体討議で，結論へと統合していく手法である。

　バズ・セッションの長所，短所は次の通りである。

　長所：① 自主性・自立性を養うことができる

　　　　② 討議への参加度が高い

　　　　③ メンバー間の相互作用がある

　　　　④ メンバー中心の討議で学習意欲が高まる

　　⑤ 3 人寄れば，文殊の知恵

　短所：① 一人が話題を独占することがある

　　　　② 結論を出すのに時間がかかる

　　　　③ 複雑な問題をテーマにしにくい

　　　　④ 井戸端会議で終わることがある

　　　　⑤ 参加しない人がでてくる

　また，「フィッシュ・ボウル討議」[9)] と「ロール・プレイ」を組み合わせた方法がある。「金魚鉢 (Fish Bowl)」とは，水槽のなかで泳ぐ魚 (プレイヤー) を，金魚鉢の外側から観察する人たち (観察者) の有り様に由来している。

　さらに，「ロール・プレイ (Role Play)」，あるいは「ロール・プレイング (Role Playing)」は，実践的な行動の場面，例えば，「中古車の売買」状況を設定し，参加者に交渉の場面における役割，すなわち，「売る側と買う側」の役割を付与し，演技させることによって，実際行動の訓練を行う方法である。

　「金魚鉢討議 (Fish Bowl Discussion) (図表 6.5)」は，参加者を① 討議グループと，② 観察グループに分けて，

　① 討議グループに属する参加者を内側に配列したテーブル席に着ける，

　② 観察グループに属する参加者は，外側に配列した席に着け，討議 (あるいはロール・プレイ)，観察を行わせる方法である。

　約 20 分程度を経過したところで，

　② 観察グループ (3〜5 名より構成) は，バズ学習を行い，

　① 討議グループ (プレイヤー) の行動 (問題点や改善点など) をコメントする。

　その後，

a) 討議者 (プレイヤー) による感想，

b) 良かった点，改善すべき点など観察者による指摘，

c) ビデオ再生による反省，といった順で，

授業を進める。

図表 6.5 「金魚鉢討議―教室のレイアウト―」

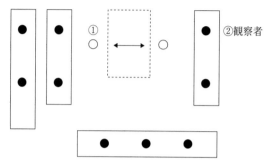

注：この討議法は，ケースセンター (UK) 主催，ワークショップ (IESE) にて実施，カシャーニ教授担当
出所：鈴木伸一 (1979：340-341)

　また，ロール・プレイングでは，プレイヤー（例，売る側および買う側）に対する個別の「指示書（目的，方法，役割別の条件設定，行動に関する情報）」は，事前に配布される。「基礎的な情報」は，ロール・プレイングの課題，背景，役割配分，進行上のルールなどの全般的な情報は，参加者全員に配布される。この演習の後で，時間的な余裕があれば，参加者にまとめを行わせるか，教師が整理して結論を導き出し，一般化する。

　ロール・プレイングの効果は，以下の通りである。

　① 電話の応対や，セールス技術などの技能を修得する，

　② 知識 (Knowing) と行動 (Doing) は別であることを理解する，

　③ 感受性，洞察力を養う，

　④ 自己反省を迫る，

　⑤ 他人の立場を理解する，

　⑥ 自主性，創造性を高める。

ただ，次の点に留意しながら実施する。

① 参加者に演技させるだけでは，「あるべき姿（Being）」というべき基準が示されないため，演技結果を一般化する講義や，討議を併せて行う必要がある。

② セールス技術の向上などには効果的であるが，識見，判断力を必要とする意思決定の訓練にはあまり適していない。

2) 対向討議法

馬蹄形階段教室（可動型椅子）の授業でも，時々バズ学習をスタディ・グループ単位で実施することがある。

また，討議中にある課題について2つの対立する案を設定し，A案に賛成する参加者（Aグループとする），B案を支持する参加者（Bグループとする）に分け，参加者を，同じグループに属する席に移動させた後，グループAと，グループB間で討議を行わせることによって，物事の見方，説得力，表現力を養っていく（図表6.6）。

「対向討議法」は，ケース討議中に，対立した意見がでることが予想される時に採用する。¹⁰⁾この討議法においては，対立意見をもつ2グループとは別に，参加者によって構成される「審判グループ（Cグループとする）」を設け，討議内容，結論づけに関し，いずれのグループが優勢であったかについて，判定させる。討議中の発言は，教師自身が参加者の発言を整理していく役割を担っている。それは，討議の最終段階にコメントする際に利用するためでもある。

「対向討議法」は，以下の効果が期待できる。

① 広い視野に立って，物事を深く考えることに重要性，必要性を認識させる。

② 対立する意見の調整方法の一つを経験させる。

③ 自グループの主張を構築させることで，論理的思考力などを養う。

④ 自グループの主張を，相手グループに訴えさせることで，表現力，説得力を養う。

⑤ 相手グループの主張を傾聴させることで，要点把握力，理解力を養う。

124

図表6.6　対向討議法における座席の配置

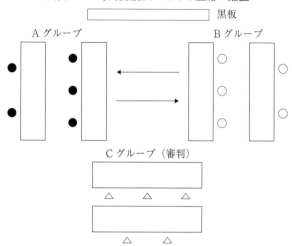

注：対向討議法は1997年インディアナ大学ビジネススクール秋学期の授業で実施
出所：鈴木伸一 (1979：120-123)

3) 講義型教室 (階段教室，固定座席，固定椅子) におけるケース討議

　授業は，「個人学習 (あるいは事前学習)」「バズ学習」「全体討議」「(補足) 講義」あるいは「小テスト」の組み合わせで行う[11]。いわゆる，伝統的な大教室 (500人収納) で，学部学生全員をケース討議に集中させるためには，いろいろな工夫が求められる。

　①「評価」：討議に貢献した学生に加点する。その褒賞として，キーワードを板書する。

　②「バズ・セッション」を設ける：討議の途中，隣同士 (3〜5人) で話し合う機会を設ける。90分間，全体討議だけを続けるには無理があるからである。

　③「投票」：板書した幾つかの案に対して，全員に投票させる。賛成案に挙手した学生に，その根拠を問う。また，反対案の学生に，賛成案を批判させる。

　④「コールド・コール」：討議中盤以降，履修名簿を参考に，学生をコール

する。出席を確かめるためでもある。また，欠席している学生は，減点する。

⑤「教師の動き」：マイクを持って，階段教室内を走り回る。

その際，後部座席に座っている学生の動きに注意を払う。目の合った学生に問う。

学生の返答に対して，できるだけ離れた席に座っている学生に意見を求める。

⑥「小テスト」：授業の最後に，テスト（5ミニッツ）を行う。

例，「今日の授業で学んだこと」を記述させる。

問題点1：500人教室で，教師一人で討議指導を行うには限界がある。そのうえ，マイク一つを持って階段教室を，駆け登るので大変疲れる。

問題点2：日本の教室は，講義方式を前提とした教室（Non-case Environments）で，固定黒板2つ程度に固定座席である。これで，討議・参加型の授業を採用するのは難しい。また，大学事務スタッフも，ケース討議型授業に理解がない。

改善点1：上下4面の移動黒板に加え，左右に移動黒板を用意する。

改善点2：討議指導は一人でもできる。しかし，ときには「協力者」や，「補助者」が必要になる。

4）「協力者・補助者」[12)]

大教室で，討論授業を進めるには，以下のような協力者，あるいは補助者が必要になる。

a）複数の教員（Team Teaching, Co-Teaching）

チーム・ティーチングには，2つのアプローチがある。第1に，一つのケースを複数の教員が共同で討議授業を進める方法である。この方法は，複雑なケース，あるいは複数の専門分野にまたがる領域の教育に採用される。

実例として，ケース「アサヒビール」[13)]を使った授業がある。討議授業では，

組織行動（OB）担当教員が住友銀行出身の村井社長の役割（経営哲学，リーダーシップ・スタイル）を，マーケティング担当教員が，新製品ドライ・ビールの浸透戦略（製品戦略，広告・リベート・流通政策）を，最後に，会計担当教員が財務諸表から見たアサヒビールの企業業績を，それぞれの視点で討議を指導した。

b）複数の教員

第2は，多人数のクラス，例えば，1997年インディアナ大学ビジネススクールでは，1学年300人，1クラス100人より構成されている。同校では，同一時間帯に，同一の科目を複数運営している。それゆえ，授業を進めるにあたって，複数の担当教員による念入りな打ち合わせが求められる。

別の授業形態に，2人の教員が討議のリード役（例，KBS竹内伸一）と記録役（例，KBS高木晴夫教授）に役割を分担する方法がある[14]。

c）補助スタッフ

① 討議記録補助者：討議指導者の近くに位置し，討議の進行状態を時間の経過に応じて要点を記録する，あるいはビデオに撮影する補助者をいう。

② 時間管理者：ケース・スタディに，ロール・プレイング演習が加わる場合，時間管理が重要になる。時間管理者（タイム・キーパー）は，指導者に対して予定時間が近づいたことを知らせ，教員からの指示をうけて，参加者全員に次の行動を連絡する。

とくに，交渉演習や，インバスケット演習では，プレイヤーは一定の時間内に決断を迫られるので，時間管理者の役割が大事になる。

③ 運営補助者：教員の補助役で，参加者に資料やテスト用紙の配布や回収をする。また，「交渉」の場合，特定の役割演技者に指示書を手渡す役割がある。この補助的役割は，通常TA（Teaching Assistant, ティーチング・アシスタント）が担当する。

5）講義型教室におけるビデオ教材の利用

大教室（階段教室・500人）の2時間連続授業（90分／時）でも，「ビデオ教

材 (例,「リーダーシップ」[15]) が利用できる。授業の進め方は，以下の通りである。

ステップ1：最初に教材を配布する。学生は研修シートの問い (プレテスト) に回答し，レーダー・チャートに記入する。

ステップ2：ビデオを視聴する。その後，配布資料「個人学習用メモ欄 (係長の言動と行動) と修正欄 (問題点の整理)」に回答する。

ステップ3：回答をもとに，小集団でグループ討議 (係長の問題点と部下や仕事に対する影響) する。

ステップ4：グループ討議後，「部下への影響」を補足講義する。その後，「係長の行動」に関する個人学習用シート (メモと修正欄) に修正意見を記入する。

ステップ5：全体討議テーマ「係長はどうすべきか」。学生は，討議用シートの問い「係長のあるべき姿」について回答する。

ステップ6：「集団を動かす管理者」について補足講義する。

　　　　　　…以下略…

ステップ7：終了後，学生はポスト・テストに回答し，レーダー・チャートに，次に，テーマに関する解決策，あるいは自身が学習したことを記入する。

ここで，ビデオ教材利用の特徴，注意点，問題点をあげる。

「特徴」

① 通常のケース教材 (文章) より状況を，容易に理解できる。

②「百聞は一見にしかず」で，記憶保持率が高い。

③ ドラマ風で手軽に視聴できる，リアルで迫力がある。

④ 社会経験の浅い学部学生には，口頭で説明するよりも視覚に訴えるほうが理解しやすい。

「注意点」

① あくまでも，補助的な教育方法である。

② 視聴覚メディアを多用すると，受動的になる危険性が高いので，他の教

　育方法（講義，討議，設問に対する回答，チェックリストによる自己点検，ワークシートの利用）との組み合わせにより，学生に授業参加を促す。

③長時間のドラマは，どんな内容でも飽きられる。

「問題点」

① ドラマの状況，登場人物の人間像，態度などが必要以上にリアルに把握できるので，視聴者が，ある印象をもってしまい，それが先入観になって，結論を誤る可能性がある。

② ドラマの内容が特定場面での出来事ととられ，一般性が薄くなって，教育効果が減少する可能性がある。

③ ドラマの内容があまりにも具体的すぎると，教育目的である一般的な教訓を引き出すことが困難になる。

　以上，この章では，討議指導者のティーチング・スタイルと，筆者が体験，あるいは実施してきた幾つかの試みを紹介した。

　なお，現在トップクラスのビジネススクールでは，大規模なカリキュラムのリフォーム（例，横断的かつ統合的なコースへのシフト）や，教育方法の見直し（例，KnowingからDoing）と，その実施（例，リーダーシップ能力）が行われている。[16]

注・引用文献

1) Case "Lotus Dvelopment Corp: Entering International Markets", David b.Yoffie, Benjyamin Gomes-Casseeres (1994) *International Trade and Competition-Cases and Notes in strategy & management, Second Edition,* Mcgraw-Hill：87.

2) ケース「フュージョン・システムA」，KBS教材リスト（1997）
"Fusion Systems Corp, in Japan（A）" HBS Case No.9-390-021 "Fusion Systems Corp, in Japan（B）" HBS Case No.9-794-067 "Fusion Systems Corp in Japan: Don Spero, President & Chief Executive Officer, Video HBS Case No.9-792-502.

3) マッキャン・エリクソン博報堂のスタッフ（藤田課長）が，この教材作成に協力している。
Case「Kentucky Fried Chicken in Japan」HBS. No.9-387-043.

4）2010 年 6 月末，筆者が，IMD の授業（リーダーシップ）を聴講した経験に基づいている。なお，ケース名は失念した。

5）Dooley, A. R. and Skinner, C. W. (1977) "Casing Casemethod Methods", *Academy of Management Review*, April：283-285, 288 を参考に作成。

6）Erskine, James A., Michiel R. Leenders, Louise A. Mauffette-Leenders (1981) *Teaching with Cases, Research and Publication Division, School of Business Administration*, The University of Westrern Ontario：174-179.

7）IMD (2005) *Mastering Executive Education-How to combine content with context and Emotion, The IMD Guide*, FT Pentice Hall：28, 30.
Fry, Heather, Steve Ketteridge, Stephanie Marshall, ed. (2009) *A Handbook for Teaching and Learning in Higher Education-Enhancing Academic Practice, Fourth Edition*, Routledge.

8）川端大二・鈴木伸一編（1980）『研修用語辞典』産業労働調査所：273, 293。
百海正一（1999）「経営学における教授法の改善」『商経論叢』第 34 巻第 2 号，神奈川大学。

9）鈴木伸一（1979）『研修技法』産業労働調査所：340-341。
2013 年，バルセロナ・IESE において，ケースセンター主催の中級セミナーで行われた 2 人による交渉演習を図示したものである（担当，IMD Kashani）。
　　筆者の場合，学生に「中古自転車の売買交渉」を行っている。演習は，「講義（入門）」→「演習（交渉）」→「結果の表示」→「講評」→「補足講義」の順で行った。

10）対向討議法は，インディアナ大学ビジネススクールの授業で経験した。中央側 C グループは，討議を観察，評価する審判グループである。
鈴木伸一（1979）『研修技法』産業労働調査所：120-123。

11）500 人収容の階段教室（横長型，固定椅子）
対象：学部学生，スモール・ケース（pp.2-4）使用。
筆者個人のケースメソッド授業体験に基づいている。
百海正一（2000）「経営学における教授法の改善―ケース・メソッド教育を中心に―」『商経論叢』第 36 巻第 2 号，神奈川大学。

12）田代 空（1979）『事例研究』産業労働調査所：220-229.

13）1997 年インディアナ大学ビジネススクールに客員教員として滞在中，筆者が聴講した授業。1 年次秋学期の最後の授業でチーム・ティーチングの授業を見学できた。
Case "Asahi Breweries Ltd" HBS, No.9-389-114.
Teaching Notes, "Asahi Breweries Ltd" HBS No.5-389-213.
なお，チーム・ティーチングには幾つかの問題点がある。
Martensson, Par, Magnus Bild and Kristina Nilsson ed. (2009) *Teaching and*

Learning at Business School-Transforming Business Education, Gower：57-58
参照。

　しかしながら，多くのトップクラスのスクールでは，統合化された授業を実
現するため，その経営資源を投入している。

14）高木晴夫監修，竹内伸一（2010）『ケースメソッド教授法入門―理論・技法・演
習・ココロ―』慶應義塾大学出版会：220-221。

15）教材：産業社会学研究室室長　永井正明監修『リーダーシップ強化コース』PHP。
質問項目は，A（部下とのコミュニケーション力），B（仕事の指示と指導力），C
（仕事の統制や進捗調整力），D（問題や状況変化への対応力），E（管理者として
の魅力）に分類されている。なお，同社より掲載に関する許可をえている。

16）Datar, Srikant M., David A. Garvin, Patrick G. Culen（2009）*Rethinking the
MBA*, Harvard Business Press.

第**7**章　**クラス評価**(Class Evaluation)

　クラスが終了すれば，それで教師の仕事は終わりではない。クラス終了後の数分間を使って，その日の出来ばえを振り返ることが不可欠である。例えば，クラス討議に貢献した学生の名前，誰がどのような発言をしたか，活発な議論を引き起こした質問はなんであったか，を記録しておけば，次回のケース・プランの参考になる。

　ジェイムス・エリスキーネ教授は，授業をレビューする項目に，(1) 学生のクラス参加度，(2) クラス・プラン (Class teaching plan)，(3) ケース教材，(4) 教師自身，(5) クラス評価，(6) ティーチング・ノートの6項目をあげている。

　これら項目すべてを，教師は毎回レビューするわけではないが，ここでは，(1) 学生のクラス貢献と，(2) ケース教材の評価について触れる。

(1) クラス貢献

　授業終了後，教師は，その日の授業で，学生がどの程度，クラス討議に参加し，貢献したかを振り返る。

　その際，以下の4つのキー項目を念頭に入れておく。

1.1) なぜ，クラス貢献が重要なのか (why)

1.2) クラスに貢献するとはなにか (what)

1.3) いつ評価するか (when)

1.4) どのように評価するか (how)

　学生 (whom) に対する評価は，コース・デザイン時，学生のクラス貢献に基づいて評価する仕組みになっているかどうか，によって異なる。もし，クラス貢献がシラバスに記述されていれば，教師はクラス貢献を評価の対象にしてい

ることになる。当然，すべての学生も学習プロセス全体が，評価の対象になっていることを，教師は学期のはじめに説明しておくことである。また，教師がなんらかの「評価シート」を使う場合，教師は学生のどこが強いか，弱いかを評価シートに記録することにより，各学生の特徴を把握することができる。

1.1) なぜ，クラス貢献が重要か

　HBS ベンソン・シャピーロ教授は，"Hints for Case Teaching"[2] のなかで，学生に4つのPを求めている。

a）Prepartion（予習）：予習する

b）Participation（参加）：グループ学習，クラス討論に参加する

c）Presence（出席）：毎回クラスに出席する

d）Promptness（厳守）：授業は定時にスタートする

　クラス討議に参加するとは，ちょうど野球選手がグラウンドでプレーするのと同じである。野球選手は，日頃からトレーニングに励んでも，練習試合でプレーしなければ，プレイング・スキルは上達しない。これと同じように，学生も十分に予習して，クラス討議に参加することが求められる。クラス討議に参加するとは，自分の意見を相手に正確に伝える，同級生と討議する，説得を試みる，相手の見解に耳を傾ける，相手の立場で考える，主要問題を総合的に把握する，大局的に判断するなど，ブルームが指摘する「統合力」「判断力」を涵養するうえで不可欠だからである。

1.2) クラス貢献とはなにか[3]

　クラスに貢献するとは，基本的にはケース・コンテンツ（what），すなわち，

a）データの解釈（事実とオピニオンの違い，データ分析，結論）

b）論点・争点の認識，

c）代替案の創出と評価，

d）決定（基準と根拠），

ｅ）アクション（実施計画と実行），に関する発言である。

　例えば，討議過程において，ケース分析に必要なデータや，関連するツールを駆使して，主要な論点を分析する発言が含まれる。したがって，学生がクラス貢献したかどうかは，どの程度発言し，主要な問題点を分析し，そして代替案やアクション・プランを提示したか，によって評価される。

　もう一つのクラス貢献は，討議過程（プロセス）に関する発言である。

ａ）討議すべき領域や方向を示す

　　例，"この案のリスクについて，もう少し討議すべきではないか"

ｂ）討議をコントロールする

　　例，"この問題の分析に十分な論議が尽くされたと思うので，そろそろ代
　　　　替案の検討に入ろう"

ｃ）意見を交換する

　　例，"私のビジネス経験からして，…こうだと思う"，あるいは，"この案
　　　　が好ましいという意見が多いけれども，反対意見も聞いてみたらどう
　　　　だろうか"

ｄ）討議を統合する

　　例，"マーケティングの立場だけでなく，生産や財務面の制約を考慮しな
　　　　いと，上手くいかないのではないだろうか"

　クラス討議における学生の行動を，ジェイムス・エリスキーネ教授は，貢献グリッド（Contribution Grid）で表している（図表7.1）。貢献グリッドは，学生のクラス貢献を，「発言回数（定量的）」と，その「発言の質（定性的）」に分類し，教師の学生に対する期待水準（主観的）を中位として，表したものである。

　ここで，クラス貢献が"平均（量的）より低い"とは，学生の発言（回数）が教師の期待水準に達していない，という意味である。逆に，"平均（量的）より高い"とは，教師の期待水準以上に，よく発言するという意味である。

　次に，クラス貢献が"平均（質的）より高い"とは，前述したように，クラス討議を望ましい方向に導いたり，学生たちが傾聴に値する（教育的価値の高い）

図表7.1　貢献グリッド

	低	中位	高
高	(1, 9)　たまに発言する　内容的に優れている	(5, 9)	(9, 9)　よく発言する　内容も優れている
質的　中位	(1, 5)	(5, 5)　教師の　期待水準	(9, 5)
低	(1, 1)　滅多に発言しない　内容的にお粗末	(5, 1)	(9, 1)　よく発言する　内容はお粗末

量　　的

出所：Erskine, James A. et al. (2003：152) を修正

発言をする，という意味である。逆に，"平均（質的）より低い"とは，あまり意味のないコメントや，断片的な分析，表面的な解釈などの発言を意味する。

　なかには，ケースに記述されている事実（ファクト）をリピートする学生が見受けられるが，それはクラスに貢献したことにはならない。ケースのデータを使い，主要問題を分析し，結論を導いていくようになって，はじめてクラス貢献した，といえる。

　同様に，"私は松本さんの意見に同意する"という発言は，その後，なんらかの付加的な見解を加えないと，クラス貢献したことにならない。

1.3）いつ（when）クラス貢献を評価するか

　教師が，クラス終了後にする仕事の一つには，クラスでだれが発言し，貢献したか，記憶の鮮明なうちに記録することである。それは，シラバスにも記してあるとおり，クラス参加が成績を評価する際の重要な要素になっているから

である。

　そのためには,

a）クラス終了後,評価する時間を設ける,

b）ケース・プランをレビューする,

c）個々の学生の発言（コンテンツ）をレビューする,

d）学生のクラス貢献に,教師の判断を加えて評価する。

　ただ,大規模クラス（例,90人）の場合,教師は,学生すべての発言を覚えているわけではない。

　そこで,I.D.ケスナー教授（インディアナ大学）のように,クラス終了後,しばらく教室に留まって,クラス討議に貢献した学生を思い浮かべながら,貢献の程度に応じて,シート・レイアウト上の名前に,◎（二重丸）,○（丸）という評価点をつけている。[4]

1.4）どのように（how）クラス貢献を評価するか

　口頭による発言を評価するかどうかは,ビジネス・スクールの教育方針によっても,教師の方針によっても,異なっている。[5]

　クラス貢献を,

a）考慮する,

b）全く考慮しない,

c）評価しにくい,あるいはあまり評価できない,の3つに分ける。

　クラス貢献に否定的な ｛b）,およびc)）｝場合,ケース・テストや,ケース・レポートによる評価が中心になる。

　一方,クラス貢献に肯定的 ｛a)｝ な場合は,

d）少しは評価するが,参考程度とする,

e）ある程度評価する,に分ける。

　クラス貢献をある程度評価するe）の場合には,ケースの使用頻度を考慮し

136

なければならない。例えば，ある科目（1学期間）におけるケース使用率を，(a) 25％未満，(b) 25-50％未満，(c) 50-75％未満，(d) 75-100％とする。

ケース使用率に対応するクラス貢献度比率は，おおよそ (e) ＜ 10％未満，(f) 10-25％未満，(g) 25-50％未満，(h) ＞ 50％以上となるだろう。その関係を図示すると，以下のようになる。

図表7.2　ケース使用率と貢献度との関係

ケース使用率	(a) 25％未満	(b) 25-50％未満	(c) 50-75％未満	(d) 75-100％
クラス貢献	(e) ＜ 10％	(f) 10-25％未満	(g) 25-50％未満	(h) ＞ 50％

出所：Erskine, J. A. (2007) WACRA ワークショップ報告資料

図表7.2 に見られるように，ケース使用率が多くなれば，評価におけるクラス貢献のウエイトは高くなる。例えば，ULCA（カルフォルニア大学ロスアンゼルス校）のダヴィッドソン教授の授業科目，"国際経営政策と戦略（International Managerial Policies & Strategies）の評価では，クラス参加の比率は 40％である。[6]

一方，HBS のようなケース中心のスクールでも，クラス参加比率は，50％前後である。

また，クラスにおける学生数が増えれば増えるほど，クラス討議に参加する学生数は減少する。例えば，1 クラスの学生数[7]が，(a) 20 人未満，(b) 20-60 人未満，(c) 60-90 人の場合，学生は，それぞれのクラス人数に応じて，(d) 毎回，(e) 2 回，(f) 3 回に 1 回程度発言することが求められる（図表7.3）。

図表7.3　学生数と発言回数との関係

学生数	(a) 20 人未満	(b) 20-60 人未満	(c) 60-90 人
発言回数	(d) 毎回	(e) 2 回に 1 回程度	(f) 3 回に 1 回程度

出所：Erskine, J. A. 談 (2007) WACRA ワークショップ資料を修正

以上の例を参考に，教師は，事前にクラス貢献に関してなんらかの評価（ガ

イドライン）を設けておく必要がある。

1.5）学生に知らせる（あるいは，フィードバックする）

　教師は，まず最初の授業で，“クラス貢献”とはどういうことか，そして，クラス討議に参加し，どれだけクラス討議に貢献したかによって評価されることを，学生に説明する。また，学生は，クラス討議に貢献したかどうか，教師の評価を知る権利を有している。したがって，教師は，中間レポート，ケース試験と同じように，評価結果を学生になんらかの形でフィードバックすることが求められる。特に，学期の中間にフィードバックした場合，受けとった学生は，評価が低ければ，後半“頑張ろう”という気になる。

　フィードバックには，インフォーマルな（例，オーラル）方法から，フォーマルな（例，手紙，メール）方法まである。例えば，ある教師は，“あなたの評価はBである。その理由は…”など，中間評価を記したコメントを，メール・ボックスに入れる，あるいは電子メールで送信する。

　ただ，教師によるフィードバックは，ある面，学生に不安や，フラストレーションをもたらすことになる。特に，学生の抱える問題の多くは，ケース討議に関するものである。例えば，クラス貢献に対する学生の感想を聞くと，“自分が発言しようと思った時には，クラス討議の進行が早く，別の方向にいってしまい，タイミングを逸してしまった”という感想が聞かれる。それゆえ，問題を抱えている学生に対して，教師は面談する機会を設けることが必要になる。

1.6）学生による評価

　クラス貢献に対する評価には，学生自身による自己評価と，同級生による他己評価がある。例えば，交渉学担当のドナルド・ワラス教授[8]は，学生の自己評価を，コース全体の10%程度を評価に反映させている。

　また，エリスキーネ教授によると，“学生自身による評価は，教師の評価より一般的に甘い傾向にある”と，過去の統計データをもとにWACRA（2007）で報告している。さらに，別の教師は，“クラス討議に最も貢献した学生は誰か”，

138

と学生たちにたずねている。学生たちがトップ・クラスに選んだ学生と，教師がトップ・クラスに選んだ学生とは，一致することが多い，と言う。

　なお，学生に，同級生を評価させることは，クラス全員に "クラス討議における貢献とは何か" を認識させる点で重要である。

演習問題

　かりに，教師であるあなたに，以下の学生がいる，と仮定する。貢献グリッド（図表7.1）を参考にして，これらの学生に対する評価コメントを作成しなさい（2〜3行程度）。
(a) (1,5) の学生：
(b) (5,5) の学生：
(c) (9,1) の学生：
コメント例，
(1,5) の学生：あまりクラス討議に参加しないが，その内容は期待水準に沿うものである。したがって，もう少し積極的な発言を求める内容になる。
(5,5) の学生：教師の期待水準に合致する学生である。したがって，このまま継続するように，という内容になる。
(9,1) の学生：…略（読者自身が回答されたい）…

---

(2) クラス・プランのレビュー

　授業終了後，ほんのわずかな時間でも，ケース教育計画（ケース・ティーチング・プラン）―協議事項，授業時間，参加計画，板書計画―を振り返る。

1) 協議事項（アジェンダ）

　協議事項は適切だったか？主要論題（メイン・イシュー）を十分討議したろうか？設問は適切だったろうか？それとも設問を変えたほうがよかったろうか？をレビューする。

2) 時間計画（タイム・プラン）

　多くの教師は，ティーチング・プランに沿って，クラス討議を進めようとするが，時間通りに進むことはまずない。もし，予定したように討議が進行しな

かった場合，その原因はなにか，原案が現実的でなかったのか，それとも，授業中にハプニングが起きたのか，をレビューする。

3) 参加計画 (パーティシペイション・プラン)

　ボランティアによる参加は上手くいったか？特定の質問に対して，別の学生を指名したほうがよかったか？多くの学生を討議に参加させることができたか，などをレビューする。そして，改善すべき点は，次のクラス・プランのインプットになる。

4) 板書計画 (ボード・プラン)

　授業終了後，教師は教室の最後尾に立ち，黒板にわかりやすく書かれていたか，予定していたレイアウトと実際との違いが大きかったか，をレビューする。その際，デジタル・カメラで撮影しておくと，改善すべき点を見つけやすい。

　以上，問題点を認識し，改善すべき点を，ティーチング・ノートに書き加えておけば，次回ケースを使う場合の参考となる。

(3) ケース教材

　使用したケースの適否を評価することは，そう易しいことではない。

3.1) 教育目的との適合

　最初にチェックすべき項目は，ケースが教育目的に合っていたかである。また，ケースの質は学生の質 (例，マチュリティ度) と関係がある。学生はケースの論点に関心を示したか，コースで学んだコンセプトやツールをうまく適用できたか，当該ケースと既に使用したケースと関連づけられたか，論点を中心に学生同士が討議できたかを振り返る。

3.2) ケース内容

　ケースのコンテンツも，クラス討議の質に影響を与える。ケースは時間軸に沿って読みやすく記述されていたか，データは間違っていなかったか，記されている内容に矛盾はなかったか，分析できる工夫がなされていたか，不備な箇所はなかったか，不備があったとしたら，次回別のケースに代えたほうがよいか，それとも，ケース・ライター（作成者）に問い合わせをしたほうがよいか，などをチェックする。

3.3) 授業科目との関係

　ケースの適否を評価する障害の一つに，ケースに学習範囲外の内容が含まれていることがある。何人かの学生たちが，"ケースが難しかった"あるいは，"ケースを分析するツールを十分理解していなかった"などのコメントが書かれていた場合には，教師は関連テキスト（副読本）を読書課題に指定していなかった（学習の範囲外），ケースを学習順序に沿って使わなかった，アサインメントが明白でなかった，などの要因が考えられる。

　もう一つの障害に，ケースに設定されている状況，例えば，社会・文化・政治・法律・宗教が含まれている場合，学生は理解できないことがある。特に，海外で開発されたケースを使う場合，このような事態が起こりやすい。

3.4) 新しいケース

　新しいケースを使う場合，その質を見極めるために，R. クリステンセン教授は3回使ってみて，教育的な価値があるか，を判断している。

　例えば，ケースにティーチング・ノートが備わっている場合は，ノートを参考にして，クラス・プランを立てて，最初の授業に臨む。また，教師自身の視点で，ケース討議を進める場合には，学生が発言したことには，あまり関心を払わないようにしている。2回目の授業では，ケース分析にあまり注意を払わず，クラス討議，あるいは次の授業を補強する学生のコメントに耳を傾けるようにしている。

　2回の授業経験から，ケースが使えるかどうかの判断ができるようになるので，3回目の授業は，どの学生がクラス討議に貢献しそうか，学生からどのような発言が出てくるか，そしてどのような問いを発したらよいか，など討議過程に注意を払うことにしている。

(4) 教師自身の評価

　もっとも難しい評価は，教師自身の評価である。授業準備の準備は万全だったか，滑り出しは上々だったか，討議はうまく進めることができたか，教師自身の教育スタイルが，クラス討議にプラスの影響を及ぼしたか，など，以下のような評価シートを使ってチェックする（図表7.4）。

　もう一つは，教室内の授業風景をビデオで撮る方法である。教師と学生間の応答，学生同士の対話，教師の動き，板書した記録を録画する。次に，録画したビデオをプレイ・バックし，自身のパフォーマンスをレビューするだけでなく，同僚にその授業のすすめ方に対してコメントを求める。

　また，教師は，授業を進める上での問題点や教え方について，同僚と話し合う機会をもうけることである。[9] 同僚との意見交換から，R. クリステンセン教授は，次の教訓を得ている。

① 授業開始直後は，挑戦的な質問は控える。

② 教師による質問攻勢を，学生は敵対的な行為と見なす傾向にある。

③ 学生がケースを精読してきたことがわかるまでは，仮説的な質問を控える。

④ クラス討議の後半，ハードな問題を学生に問う場合は，考える時間を与える。

　　例えば，“松本さん！これは難しい問題なのだが，君から始めてくれないか”あるいは，“最初に，どこから取り組んだらよいのだろうか？”という問いなら，学生は引き受けやすいだろう。

⑤ 数分間に渡って指示的な質問を続けた場合，例えば，“今まで明らかになった点を前提に，湯沢さん！次はどのような質問をしたらよいだろうか？”

142

図表7.4　ディスカッション・リーディング―評価シートサンプル―

1. 準備	:	準備（教室，教材等）は万全か	5-4-3-2-1
2. オープニング	:	いいスタートが切れたか	5-4-3-2-1
3. 目的	:	授業目的を明確に述べたか	5-4-3-2-1
4. トピックス	:	トピックスを正確に伝えたか	5-4-3-2-1
5. 環境	:	参加者はリラックスしていたか 雰囲気はよかったか	5-4-3-2-1
6. 参加度	:	どの程度リーダーは参加者を討議に参加させたか	5-4-3-2-1
7. ディスカッション	:	リーダーはどの程度上手に主題にそって討議をリードしたか	5-4-3-2-1
8. 質問	:	うまくデザインしたか グループ全体むけの質問をしたか ディスカッションを活発にしたか	5-4-3-2-1
9. リーダー自身の貢献度	:	リーダー自身エクスパートとして振る舞わないようにしていたか でしゃばらないようにしていたか	5-4-3-2-1
10. 討議の状況	:	テーマに沿って，討議は進展したか	5-4-3-2-1
11. グループの統制	:	どの程度私語をコントロールしたか	5-4-3-2-1
12. 中間のまとめ	:	リーダーシップをとれたか	5-4-3-2-1
13. 板書	:	準備して臨んだか，整理できたか	5-4-3-2-1
14. 最後のまとめ	:	うまくまとめることができたか	5-4-3-2-1
15. クロージング	:	うまく終了したか	5-4-3-2-1
16. 目的の達成度	:	授業目的は達成したか	5-4-3-2-1

注：5（大変優れている），4（優れている），3（平均），2（平均以下），1（最低）
出所：Erskine, J. A.（2003：187）を修正

というように，教師の役割をクラス・メンバーに委ねることもある。

(5) クラス討議の評価

　討議をどのようにリードしていたかを詳しく分析したい場合には，授業をビデオに録画する。ビデオを分析するにはさまざまな方法があるが，その一つに次に示す行動をとったのが誰であったかを調べることである。[10]

　①授業をスタートする：討議の進め方を提案する，問題を定義する，アクションするステップを確認する

② 学生の発言を引き出す：ケースに記されている情報を求める，返答を誘う，見解を上手に引き出す

③ 情報を提供する：情報を提示する，反応を表現する，事実を述べる

④ 討議の流れを止める：討議に関係ないことを持ち込む，主題を変える，発言内容に疑問を呈する

⑤ 安全な場所に身を置く：冷笑的な態度を表す，集中を妨げる，揚げ足をとる

⑥ 論点を明らかにする：混乱した状況を解明する，学生の発言を言い直す，いろいろな問題に対する別の見方を示唆する

⑦ 論点をぼやけさせる：混乱を招く，言葉の定義や意味の違いにけちをつける，問題を曖昧にする

⑧ まとめる：関連するアイディアをひとまとめにする，結論を提案する，他の学生の意見の示唆することを述べる

⑨ 解釈する：学生のアクションとその意味することに注意を喚起する

⑩ 合意事項を提案する：グループの合意事項とするかを問う，あるいは提案する

⑪ 合意に逆らう：グループが合意した後でも，議論に固執する，前の話題を蒸し返す，些細な事柄にこだわる

⑫ 調和させる：見解の相違を仲裁させようとする，緊張をほぐすために冗談を言う，不活発な学生を励ます

⑬ 混乱させる：グループ活動を妨げる，緊張を高めようとする，悪い冗談を言う

⑭ 評価する：討議の進行や論題に，グループが満足しているかどうかを尋ねる，グループで使われている暗黙や明確な基準を指摘する，代わりとなる方法や課題を提案する

録画上の"学生および教師自身の行動"を観察して，建設的な行動を多くし，非生産的な行動を減少させる改善策を考える。

そして，信頼できる同僚や，学内の FD（Faculty Development）担当者と録画を一緒に観察し，分析してくれるよう依頼する。

(6) ティーチング・ノート

対応（Responding）は，"問い""傾聴"と比べて，個人の能力に依存する割合が高い技能である。それゆえ，複数の教師が同じ時間帯に同一授業科目を担当しても，同じ教育効果が得られるわけではない。また，経験の浅い教師が，ベテラン教師が作成したティーチング・ノートを参考にしても，ティーチングの助けにはなるが，成功を約束するものではない。

かつて，ミスター・ケースメソッド（Mr. Casemethod）と呼ばれた R. クリステンセンでさえ，授業終了後研究室に戻ると，終えてきたばかりのティーチングの出来ばえを，ノートに書き留めている。例えば，「授業の進め方は上手くいったか？前回は，悲惨な結果に終わってしまったが，今日の授業と比べてなぜ大きな違いが生じたか？今回のクラスは，どの点が未解決のまま残ってしまったか。次のクラスでは，問題に対してどのような糸口を提供したらよいだろうか」など，思いついた点，改善すべき点を書き加えて，次回の授業に活かしている。

以上，この章では，クラス評価について触れてきた。

注・引用文献

1) Erskine, James A. et al. (2003) *Teaching with Cases Third Edition*, UWO (University of Western Ontario)：152 を修正。
2) Shapiro, Benson P. (2005) *Hints for Case Teaching*, HBS Publishing.
3) McNair, M. P. ed. (1954) *The Case Method at the Harvard Business Scholl*, Mcgraw-Hill Book Company, Inc.（慶應義塾大学ビジネス・スクール訳，（1977）『ケース・メソッドの理論と実際 ハーバード・ビジネス・スクールの経営教育』東洋経済新報社：156-165）
   デイビット・W. ユーイング著，茂木賢三郎訳 (1993)『ハーバード ビジネス・スクールの経営教育』TBS ブリタニカ：294-295。
   高木晴夫「ケースメソッドによる討論授業のやり方」KBS 資料：17。

　クラス討議の評価に関しては，コース・デザインの際に，「評価」を決めておくことである。通常，多くの大学では，4 段階（例，ノース・ウエスタン大学），あるいは 5 段階の評価方法を採用している。教師自身も，クラス貢献をどう評価するかを決め，シラバスに掲載しておく。もちろん，評価は，一貫性をもっていることである。例えば，a) 学生がクラス討議に貢献したか（Yes, No），次に，b) もし，貢献した（Yes）ならば，センスのある貢献か（Yes, No），さらに期待以上であれば，Excellent（あるいは A）か，それとも期待水準程度ならば，Good（B）か，最後に，期待水準以下であれば，Satisfactory（C）か，それとも Poor（D）か，に分類する。

　　この方法は，If-Then-Else を使って評価する方法である。筆者も採用している。

4）筆者が，1997〜98 年インディアナ大学ビジネススクールに海外研究員として滞在していたとき，博士課程の授業科目「ドクトリアル・ティーチングセミナー I」での談話。

5）コペンハーゲン・ビジネススクールでは，クラス貢献を評価しない方針である。

　　通常，クラス貢献は，(a) いつ（when）評価するか，(b) どのように（how）貢献するか，そして，(c) どのようなコンテンツ（what）か，に分解できる。また，(a) タイミング：授業の前半，中間，最後の時点か，(b) スタイル：批判する，人の心に訴える，納得させる，などによる方法，(c) インパクト：根拠を述べる，真相を引きだす，補足する，知識や経験を加える，などに分けられる。

6）Davidson, Willam H., Jose de La Torre (1991) *Instructor's Manual To accompany Managing The Global Corporation-Case Studies in Strategy and Management*, Macgraw Hill, Inc.

　　この授業における評価に占めるクラス貢献の比率は，クラス参加（40%），ケース分析とクラス・プレゼンテーション（30%），期末プロジェクト・レポート（30%）の比率である。

7）Erskine, James A. 談（2007 年），WACRA，ワークショップ配布資料を修正。なお，ジェイムス・エリスキーネ教授（UWO）は，40 年以上にわたるケースメソッド教授法の研究と普及を目指してきたことから，WACRA 会長クライン・ハンス教授（レンセラー工科大学）は，彼を現代のミスター・ケースメソッドと呼んでいる。

8）ドナルド・ワラス教授は 1975 年当時 IMD（旧 IMEDE）にて「交渉学」担当。筆者も受講した。

　　なお，一回の授業で，大体何人くらいの学生を発言させるかについて，ある程度の目安をもっている教師も多い。クラス人数にもよるが，ある教師は 30 人，別の講師は 20 人前後程度，と発言していた。1999 年 WACRA（メキシコ・グアダラハラのビジネススクール）に参加した教師たちに対してヒアリングした結果である。また，筆者が常時 350 人前後の学部学生を相手にクラス討議（500 人教

室）を実施している，と返答したら，多くの参加者が驚いていた。

9) Christensen, C. Roland, Garvin, David A. and Sweet, Ann ed. (1991), *Education for Judgement, The Artistry of Discussion Leadership*, Harvard Business School Press：159-163.

10) Davis, Barbara Gross (1993) *Tools for Teaching*, Jossey-Basss：73.（香取草之助監訳（2002）『授業の道具箱』東海大学出版会：88, 423）

第**8**章　ケース討議における諸問題

　ビジネススクールでは，くる日もくる日もケース，指定されたテキストや論文を読み，予習する。そして，レポートの提出に追われる生活が続くと，学生の方もストレスがたまり，授業を手抜きする，などの問題が発生する。そこで，この章では学生の学習，およびクラス討議過程における幾つかの考慮すべき事項，すなわち学生の問題行動について触れる。

　前章で，ジム・エリスキーネ教授は，討議過程における学生の行動を貢献グリッドで表示している。そのなかで，(9,9)タイプに分類される学生は，クラスでよく発言し，その発言内容も優れている。しかしながら，現実にはこのような模範的な学生ばかりではない。クラス討議における学生を観察すると，「沈黙している学生」「討議に不慣れな学生」「同級生の発言を咀嚼する学生」「一方的に喋りまくる学生」「同級生の発言を聞こうとしない学生」「討議に関係ない発言をする学生」などの行動が観察できる。[1)]

　これらは，幾つかの行動に分類できる。[2)]

a)「学生の沈黙」：学生に問いを発しても，いくら発言をうながしても，返答しようとしない。トピックスに無関心なのか，それとも教師の権威主義的な態度に対する抵抗なのかわからない。討議中なら，その原因を調べる時間的余裕もない。いかなる状況にせよ，教師はなんらかの対応を迫られる。解決策の一つに，教師はよく予習してきていると思われる学生や，顔見知りの学生をコールするか，それとも同じ問いをよりシンプルな問いに変えて発するか，などの対応策が考えられる。

b)「やる気のない学生」：ケースやテキストの内容にあまり興味が湧かない，討議に加わろうとしない学生がいる。おそらく，罰則がないのも一因である。

c）「予習してこない学生」：ケースを読んでこないけれども，問題について自説を披露する意欲のある学生もいる。こういう学生を落胆させるべきではないが，ケースを読んでこない学生をコールしないほうがよい。ケース討議に加わった学生を評価の対象とすべきである[3]。

d）「脱落者」："どうしたらよいか，わかりません！""私はそのような立場に立ったことがありませんので，決められません！"など，と返答する学生がいる。また，教師の，"あなたならどうする？"という問いに対して，学生は"そのような役職についたことがないので，わたしは同意しません"と回答するかもしれない。

e）「早期の終結」：教師が予想した以上に，学生たちが早く同意に達することがある。その理由はわからないが，グループ討議なしで，どこからかケースの解決策を入手したのかもしれない。そのような場合，教師は，デビル・アドボケイト（悪魔の役割）の立場に立って，その解決策の弱みを指摘するか，別の案との優劣を比較したか，筋道を立てて説明できるか，いろいろな問いを発することにより，解決策をチェックする必要がある。

f）「教条的な学生」：なかには，教条的な学生や，自信家の学生がいる。このような学生に対して，ワッセルマンはケースに記されている事実，あるいは発言の前提に関する問いを，再度繰り返すことを示唆している[4]。

g）「高圧的な学生」：学生のなかには，延々と自説を述べる，あるいは長々と説明する学生がいる。しかも，その多くは，他の学生たちにとって，退屈なものである。そこで，教師はなんらかのかたちで，学生の発言を中断させることになる。

h）「見識を披露する学生」：学生のなかには，他の学生よりも年配で，実務経験豊富な学生が参加することがある。このような"リソース・パースン"にどのように対処したらよいか，は教師の課題である。対応を誤ると，討議の流れを壊してしまう恐れがある。

i）「討議の壁となる学生」：ときおり，討議に関係のないコメントや，所見を述べる学生がいる。解決策の一つは，"あなたの言わんとしていることは

わかります。しかし，話の続きは，クラス終了後にしましょう”と対応する。

j）「不作法な学生」：教師や同級生に対して無礼な態度を示す，乱暴な振る舞いをする，同級生を傷つける学生がいる。そして，学生は教師がどのような対応をするか，に注目している。ワッセルマンは，このような学生の振る舞いに抗弁する学生を，尊重する態度を示している。

以上の中で，問題と思われる要因には，

① 討議に参加することを重要と考えていない，

② 授業内容（ケースやテキスト）を理解していない，

③ 討議授業に不慣れ，

④ 留学生のコミュニケーション・スキル，

⑤ 予習時間の不足，

⑥ 手抜き，

などがあげられる。

ここでは，1）討議に参加しない，2）手抜き，3）倫理的な問題，4）グループ学習，5）グループ・プロジェクト，6）外国人留学生，7）座席の配置について触れる。

1）クラス討議に参加しない

① ケースメソッド授業では，学生はクラス討議に参加することを最優先すべきである。しかし，講義方式に慣れてきた学生は，“知識の獲得”が重要である，という観念にとらわれている。それゆえ，伝統的な大学教育を受けてきた学生を，いきなりクラス討議に参加させるのは無理かもしれない。

なぜなら，これらの学生は最終試験による評価が重要であり，クラスにおける発言が重要ではない，と思っているからである。

もちろん，多くの学生はクラスで発言する重要性を認識している。しかし，多くの学生は，大教室（90人規模）で発言することに抵抗感をもっている。かりに，発言したとしても，教室の片隅から“もう少し大きな声で”とい

う声があがる。気の小さい学生なら，それだけで挙手することを躊躇する。それでも，勇気をもって，"今日こそ発言しよう"と思って授業に臨んでも，討議の流れについていくのが精一杯で，発言するタイミングを逸してしまう。

　このような内気な学生に対して，教師はクラスで発言することへの躊躇を払拭するアドバイス，例えば，グループ学習への積極的な参加を促すことである。

　クラス・サイズと関連して，1クラス当たりの学生数が多くなれば，十分に予習してこない学生が増加する傾向にある。また，2年次になると，選択科目が多くなり，学生たちはハードな授業を避ける傾向にある。

　さらに，秋の就職活動期間や，週末（行事）の前日では，手抜きが発生する可能性が高くなる。それに，履修者が少ないクラスでは，予習してこない学生がいると，クラス討議は低調なものになる。このような事態に至るまえに，教師は，授業をストップして，なぜ予習してこないか，を学生に詰問すべきである。

② クラスで発言しない理由の一つに，学生が十分に学習内容を理解していないことが考えられる。当然，学生が発言すれば，本人自身の無知をさらけだすことになる。それゆえ，教師から，発言を求められない限り，学生は沈黙しておいたほうが安全，と判断するだろう。

　また，ケースメソッドに不慣れな学生がいる。これら学生の多くは，ケースを分析し，解決するプロセスに不慣れである。学生は読書課題を読み，ケースにマーカーでアンダーラインを引くが，次のステップ，すなわち問題分析のプロセスを，ロジカルに進める知的作業能力が不足している，と考えられる。このような場合，ケースの分析プロセス（例，拙著『ケースメソッドによる学習』参照）を，再度見直すことである。ビジネススクールに入学してくる学生の多くは，まじめで優秀である。このような学生が，入学後，「クラス討論で発言できない」「発言しようとしても，討議の流れについていけなかった」という状況が続くと，次第に発言する意欲を失ってしまう。

これらの原因から，無気力な状態（スチューデント・アパシー）になる。アパシーな状態から抜け出すためのアドバイスや指導は，カウンセラーの訓練も受けた経験のない教師には困難である。毎年，トップ・クラスのビジネススクールでは，プレッシャーのかかる生活に耐えきれず退学に追い込まれる学生もいるが，教師ができるアドバイスは限られている。[5]

③ ビジネススクールでは文字通りケースに明け，ケースに暮れる。2年制のビジネススクール（例，HBS）では，2年間で800〜900近いケースを読むこと[6]が求められる。このようなタイトな状況では，多くの学生は準備不足のまま，授業に出席することになる。

　そうなると，学生は週間スケジュールから判断して，a）十分に睡眠をとる時間があるか，b）週末の行事（例，パーティー）に時間を割けるか，c）ある程度の時間はあるが，グループ学習にどのくらい時間を割けるか，などをチェックすれば，なんらかのアドバイスの糸口が見つかるかもしれない。

④ 教員，特に欧米系の教員の間では，"討議にあまり参加しない，あるいは発言しない学生（例，アジア系学生）の問題が話題になる。

　この話題は，2003年 WACRA（於，ボルドー・ビジネススクール Bordeaux Business School）でも，議題「教育，文化と多様性（Teaching, Culture, and Diversity）」の中で取り上げられた。報告と討論を通して，参加者はこれら留学生の背景に，文化や教育方法の違いがあることを認識したようだった。これとは別に，アメリカ人の学生のなかにも，"クラスで発言できない"という悩みをもつ学生も少なくない。カウンセリング・センターを訪れる学生が，クラスで発言できない理由として，"発言する際，周囲の視線が自分に集中してしまうのが気になる" "恥をかくのではないか，という不安がある" "自分には討議の場で，即座に意見をまとめられない" "なまりを気にしてなかなか発言できない"などの理由をあげている。[7]

152

それでも，討議参加型授業に慣れていない学生を"どう評価したらよいか"の課題が残る。これら学生に対処するために，スミス准教授（インディア大学）は，授業の後半に「バズ学習」する機会を設け，その後，ファイブ・ミニッツテスト（ジョージア・テック方式という）を実施し，学生を評価している。[8]

⑤ 学生のうち，特に授業で使われる言語（例，ファースト・ランゲージが英語）が母国語でない学生（例，日本人）の何人かは，読み，書き，聞く，喋ることの困難さに直面する。それを，個人の問題と片づけることもできるが，クラス討議に加われないならば，最悪の事態（例，落第）に至ることもある。そうならないために，教師は学生に来室を促し，カウンセリングする必要がある。

　一方，教師には，単純に"ブロークンでもいいから喋ればいいじゃないか"という意見がある。しかし，それは言うほど簡単なものではない。例えば，語学力の劣る日本人がクラス討議のなかで，発言する機会は限られている。学生は，まず教師と他の学生の応答に耳を澄ませ，討議の流れを把握するよう努めなければならない。これが非常に難しい。英語といっても，イングランド人の話す英語，南部なまりのある米語，インド人の英語など，スタンダードな米語に慣れた日本人学生には聞きとりにくい。それでも，勇気を出して発言しようとしても，急に話題が変わってしまったり，別の学生に先に発言されてしまったりで，結局発言する機会に恵まれず，あっという間に授業が終了する。おそらく，こういう留学生の悩みを認識している教師は少ないだろう。教師の立場からすれば，カウンセリングの領域を越えた問題でもある。むしろ，こういう学生を入学させたアドミニストレーション・サイドか，[9]あるいはカウンセリング部門が対処すべきであろう（WACRA，2006年カンファレンスでのテーマ，於ブリスベーン）。あまりクラス討議に参加しようとしない学生への対応には，a）インフォーマルな方法と，b）フォーマルな方法がある。

a）インフォーマルな対応には，授業中と授業後に行う方法がある。授業中，
　　教師は，
　　① 眉の動き，顔の表情，手の振り方など，ジェスチャーで示す，
　　② 学生に対し，"いい発言だ"，あるいは"あなたのコメントは非常に有
　　　　益である"，と肯定的に応える，
　　③ 学生のコメントを板書する，あるいは引用する，
　　④ 他の学生の発言を制止し，学生が考え，返答する時間を与える，
　　などの行為は，インフォーマルな対応である。

　　また，要約する，あるいは結論を述べる時，教師はクラス討議に最も貢
献した参加者の発言について触れる機会がある。
　　例えば，"松本さんの分析は，討議を実りあるものにしました" "湯沢さ
んはポイントをついた発言をしました"などのコメントは，肯定的な対応
である。ただ，できるだけ，特定の名前をあげるのは，控えたほうがよい
かもしれない。
　　クラス終了後も，学生は暫く教室に留まっていることが多い。このよう
な機会をとらえて，教師は学生に個人的に"よくやった（well down, good
job）"など，コメントするのも，学生の励みになる。また，学生が集まる
ラウンジやカフェテリアで，学生に肯定的に対応するのもよいだろう。そ
れは，多くの学生にとって，クラスであまり認められる機会は多くないか
らである。
　　多くのビジネススクールでは，オフィス・アワーを設けている。研究室
でフェイス・ツー・フェイスの機会を設けることにより，学生と率直に話
し合うことができる。学生が来室する理由の一つに，"自分の発言がどう
評価されているか"など学習上の悩みを聞いてもらいたい，あるいは教師
のアドバイスが欲しいからである。

b）フォーマルな対応

　学期半ばになると，クラス貢献に関する中間評価（フォーマルなレター）を学生に通知している（第7章評価の項参照）。例えば，"××日の授業で，あなたはクラス討議において，大きな貢献をしました。非常に嬉しく思っています…略…""貴方は言葉上のハンディキャップもあり，発言に苦労しているようですが，ポイントをついた発言でした"など，クラス貢献について触れ，さらなる貢献を期待しているという文面になる。また，クラスであまり発言しない学生に対しては，発言を促す，あるいは励ます文面になる。

　以上のような対応は，学生のクラス参加を促すうえでプラスに働く[10]。

　学生とのインフォーマル，およびフォーマルな対応を通して，学習上の悩みや，問題点が理解できれば，討議参加へのヒントが得られるだろう。

⑥ カウンセリング

　時には，教師はカウンセリングすることがある。学生は，"クラス討議になかなか加われない""グループ・プロジェクトのメンバーが準備してこない"など，なんらかの悩みや不満を抱えている。学生の問題を分類すると，「クラス参加」「グループ学習」と「個人学習」に大別されるが，その多くは「クラス参加」に関するものである。これら学生をカウンセリングする際，以下の特性要因図を利用すれば，問題点を整理しやすくなる（図表8.1）。

2）手抜き

　第2に，「手抜き」の問題がある。学生は，読書課題，グループ・プロジェクト，ケース・レポートの提出など，授業のどこかで手抜きしようとする。したがって，教師は，手抜きの問題を認識し，その対応を考えておくことである。

　「手抜き」には，倫理的なものが含まれるが，多くの場合予習に関するものである。学生は日々時間に追われる生活を送っているので，十分な準備

図表 8.1　クラス参加の問題点

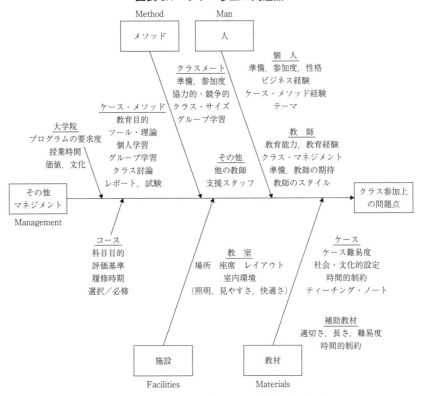

出所：Erskine, James A.（2003：172）を参考に作成

時間が持てない状況にある。そこで，学生は読書課題（テキストや論文）を
スキップする，ケースを読み飛ばしする，などの手抜きをする。

① **予習してこない**

　　"体調が悪く，予習できなかった" という理由ならば，教師は納得するだ
ろう。そのような事態に直面した場合，教師は "必ず事前に連絡を入れる
ように" とクラス全員のまえで，宣言することである。しかし，教師に "悪
い印象を与える" あるいは "評価を下げる" という恐れから，申し出る学
生は少ないだろう。

予習してこない学生を，クラス討議に参加させる方法が幾つかある。

a）教師は，最初の授業で，クラス全員に最低限4P（Preparation, Presence, Promptness, Participation）を守ること，また，何らかの理由で，予習してこなかった学生に，授業の開始前に，教師に必ず連絡するよう要請する。

b）単に学生に注意するだけでなく，学生本人を研究室によんで，警告する。もし，学生が警告に従わなかった場合は，評価の面で「なんらかの措置（落第点など）をとる」と，学生に伝える。

② 一応読んできているが，あまり分析していない

　例えば，「Production & Operation Management（生産とオペレーション・マネジメント）」の場合，ケースに記述されている内容に関して，"技術的なことはわからない""数理的知識を欠いている"と返答する学生がいる。

　また，学生の中には，最小限必要な箇所を読んでくる。そして，クラスの終盤になって，ケースの要点を繰り返す，あるいは他の学生と同じような発言をする要領のよい学生が見受けられる。このような学生に対して，教師はなんらかの対応を迫られる。もし，学生のコメントから判断して，"知識が不足している"と判断したならば，予定を変更し，補足講義に時間を割かなければならなくなる。

　以上の例に見られるような"手抜き"を放置したままにしておくと，他の学生も教師に対して，"この教師は甘い"などと判断するかもしれない。その結果，おそらくクラス討議も不活発なものになる。そこで，教師は毅然とした態度で，最初の授業で，学生に約束した4P（Preparation, Presence, Promptness, Participation），すなわち，毎回十分な準備をし，授業に臨み，討議に参加する意義を繰り返すことである。

3）倫理的な問題

　手抜きとは別に，倫理的な問題（エシカル・イシュー）がある。

① ノートの譲り受け

例えば，先輩のノート，あるいは過去の授業ノートなりを譲り受ける行為がある。また，もし何らかの手段で，ケースのティーチング・ノートが学生の手に渡ったとすると，そのケースは次回以降のクラスで使えなくなる。もし，それが良質なケースであるならば，その損失は計り知れないものになる。なぜなら，ある友人の話によれば，ケースを開発している HBS（ハーバード・ビジネススクール）でも，優れたケースとして，ヒットする確率は，100分の1以下だからである。

ケース開発には，最低2カ月から半年ぐらいの日数を要するうえに，多くは開発されても，数度使われるだけで，外的環境の変化，などの理由で使えなくなる。ちなみに，2006年におけるベストセラー・ケースは，以下のスクールが開発している（図表8.2）。

図表 8.2　2006 年ベスト・セラー 100 ケース

HBS（米・ハーバード）	51
INSEAD（仏・インシアード）	20
IMD（スイス・アイエムデー）	11
LBS　（英・ロンドン）	3
UCD（アイルランド，University College Dublin）	2
UWO, RICHARD IVY（カナダ・ウエスタン）	2
ICFAI（Centre for Management Research）	2
その他（含 Darden, Stanford, Cranfield, etc.）	9

出所：ケースセンター（旧 ECCH，2006 年版）資料

② 企業へのコンタクトや情報収集

例えば，ケースに記述されている企業がどのような決定を下したか，などを，学生が企業にコンタクトする，あるいはケースに関連する情報（報道）を探し出す行為がある。当然，このような行為は禁じられている。もし，そのような行為があった場合，次回以降のケース開発の妨げになるうえに，今後企業の協力も得られなくなる。そして，探りえた情報から，学生は当該企業が正しい決定を下した，と信じてしまうかもしれない（本当ではないかもしれないのに）。

この点に関して，筆者は，ケース・レポート「WAC (Written Analysis of Case)」演習で，以下のケースをアサインされたことがある。ある学生は，以下のケースを読み，A国の古い新聞記事からこの事件の推移を探り出し，その経緯を活用してレポートを提出した。

ケース「Fiat ㈱・B 支店」

Fiat ㈱の A 国 B 支店長は，同国の軍事政権と親密な関係にあった。197x 年のある日，B 支店長は同国の左翼ゲリラに身代金を目的として誘拐された。この事態を重く見たライバル・メーカー R ㈱本社の首脳は，A 国 R 社 C 支店長に，この事件に関するレポートを緊急に月曜日までに報告するように，と打電した。

設問：金曜日電報を受け取った R 社 C 支店長である貴方は，この事件に関する報告 (2000 字以内) を，土曜日 12 時までに提出することが求められている。

このような違法な方法で，ケースに関連した情報を収集することは，ケース学習の目的ではない。大切なことは，学生自身が自らの努力により，ケースから学ぶことである。

4) グループ学習

グループ学習の際，グループ・メンバーのある特定の学生のみが，ケースを精読し，その要旨をグループ・メンバーに解説することがある。例えば，6 人編成のグループに 3 ケースがアサインされた場合，2 人編成の各サブ・グループが，それぞれ各 1 ケースを分担する。そして，分担しないケースは，担当したサブ・グループから，グループ学習時に，そのケースの要点を学ぶ行為である。

また，グループ・メンバーのなかに会計，生産，IS (Information System) など，特定の分野に強い学生がいる場合，その分野のスペシャリストに分析を任せがちになる。グループ学習の間に，なにが起こっているかを，教師は知りうる立場にない。しかしながら，手抜きの学習は，教師の立場から，望ましいものではない。ただし，もし学生の意見から，手抜きが過剰なほどの作業量の多さが，

原因であるならば，その結果次第では，教師はその後の作業量やスケジュールを再考，あるいは調整する必要がある。

5) グループ・プロジェクト

　授業の後半になると，教師は，学生にグループ・プロジェクトをアサインする。その際，メンバー間の作業量がアン・バランスになる可能性がある。この点を無視して，グループ全員を同じ基準で評価すると，問題になる。例えば，ある学生の話では，2人が共謀して，一人の学生（日本人）にケース分析とプレゼンテーションを押しつける事態が生じた。この時，強要された学生は，担当教師に相談し[11]，個人レポートを提出することで解決した。その結果，残りの2人は，準備不足のまま，プレゼンテーションすることを余儀なくされた。

　このように，グループ・プロジェクトの場合，どのように評価するか，評価基準をハッキリさせておかないと，グループ間で仲違いを生じることになる。

6) 外国人留学生の問題

　グローバル化する経済活動に伴い，北米のビジネススクールには多くの留学生が学んでいる。また，欧州のビジネススクールには IMD（スイス），LBS（ロンドン・ビジネススクール）のように英語のみで授業を行うビジネススクールもあるが，INSEAD（インシアード，フランス），IESE（イゼ，スペイン）などバイリンガルのビジネススクールも珍しくない。

　これらビジネススクールで学ぶ留学生が増えるにつれ，留学生共通の問題がある。それは，前述したように"一部の留学生は，クラス討議に参加しようとしない。これら学生をどう評価したらよいか"という問題が，教師間で話題になる。それは，留学生（例，日本人）のコミュニケーション・スキルの問題でもある。もし，ケースを用いた授業で良い成績をあげようとするならば，積極的に挙手し，発言し，クラス討議に貢献しなければならない。多種多様な経験と価値観を持った優秀な学生が述べる意見は，教師が教える内容以上に，他の学生にとって有益な知識源になる。それゆえ，学生による発言はクラス貢献

160

(Class Contribution）と呼ばれている。

　また，クラス討議中，ただ教師の話を聞き，ケース・レポート試験で高得点をとるだけの生徒は，あまり高く評価をされない。それどころか，同級生から“ずるい奴”“フリーライダー（ただ乗り）”あるいは“ヴァキューム・クリーナー（真空掃除機）”と見られかねない。なぜなら，同級生から有益な意見を聞かせてもらい，レポートで良い点がとれたのに，自分からは同級生に何も貢献しなかった。すなわち，ギブ・アンド・テイクの精神に反するアンフェアーな人間と見なされかねないからである。

　もし，その留学生が優秀な学生であったならば，その人のもつ知見や経験をクラスの同僚にシェアすべきである，というのが彼らの考えである。

7）教室の座席とビジビリティの問題

　ビジネス・スクールのは教室は，以下のような３列ないし４列の馬蹄形の階段式教室で構成されている（図表8.3）。

① 座席の位置

　まず，「学生の座る位置と見やすさ」との関係について触れる。ビジネススクールでは，学生の座る位置を，ａ）スクールが事前に決める方法と，ｂ）学生に

図表8.3 「教室の見取り図」

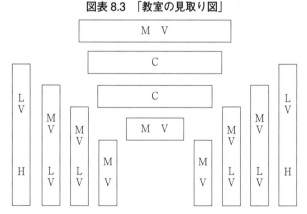

出所：Ronstadt, Robert（1978：31）を修正

自由に座席を選択させる方法がある。

　そこで，座席のビジビリティ（見やすさ）について触れる。教師の視点（見やすさ）から，座席は次のように分類される。

①C（Conspicuous）：大変よく見える席

②MV（Moderate Visibility）：程よく見える席

③LV（Low Visibility）：あまり見えない席

④H（Hideouts）：見えない席（死角）

　例えば，階段教室中央の2列目から3列目の座席（C）は，教師の眼の高さ（Eye level）に位置する。"C"ゾーンと表示された座席は板書した記録などを，非常に見やすい。

　写真8-1は，ピット（pit）と呼ばれる位置（教卓周辺），からのビジビリティ，つまり教師の目線で正面をみた風景，を表している。逆に，正面中央4列目の（MV）ゾーンは，教師を見下げる感じの高さになる。また，中央1列目の（MV）ゾーンの座席からは，教師を見上げる感じの高さになる一方，左右の4列目の

写真8-1

＊インストラクターは，ジェイムス・エリスキーネ教授
出所：ケース・ワークショップ教室（UWO）（筆者撮影）

写真 8-2

出所：UWO 教室（筆者撮影）

写真 8-3

出所：UWO 教室（筆者撮影）

"H" ゾーンと表示された座席（LV & H）は，教師の立場から見えにくい位置に
ある。

　写真 8-2 は，教室のフロアー右端から，左側の 1 列から 4 列眼の座席を，教
師の目線でみたものである

　ただ，学生の立場からすれば，4列目の座席は，教室全体がよく見渡せる位置（スカイ・デックという）である（写真8-3参照）。

　学生が自由に席を選べる場合，教師は学生がどの位置の席を選択するか，観察するとよい。

　学生が，教室のどの席に座るかは，学生の好みを表している。学生の座る位置によって，積極的に発言するかどうか，を判断できるだろう。例えば，Cゾーンに座る学生は，教師からコールされる可能性が非常に高い。それに，学生がポイントをついた発言をすれば，成績評価に影響を与える。それゆえ，学生はコールされた時に，何らかの返答を用意しておくことが望まれる。もし，“パス”などと返答すれば，教師に対する印象は悪くなるだろう。何も発言することがない場合，“私には，よくわかりませんが，─こうではないかと思います”などと返答したほうが無難である。

　一方，学生が，あまり興味・関心のない授業を履修する場合，学生はLVやHゾーンの席を選ぶ傾向にある。それゆえ，討議指導者は，これらゾーンに座っている学生の動向に常に注意を払うことである。

　以上，この章では，ケース討議における諸問題について触れてきた。

注・引用文献

1) Lynn, Jr., Laurence, E. (1999) *Teaching & Learning with CasesA GuideBook*, Chatman House Publishers：87-93.
　　なお，シカゴ大学行政学研究科リン教授に，筆者は1994年FASID主催ケースメソッド・セミナーで大変お世話になった。
2) Erskine, James A., Michiel R. Leenders, Louise A. Mauffette-Leenders (2003) *Teaching with Cases, Third Edition*, The University of Western Ontario：87-93.
　　なお，長年，学生の行動を観察してきたロンスタット教授（バブソン大）は，学生を幾つかのタイプに分類している。
　　a．エクスパート：専門家として発言する。

　b．計量アナリスト：定量的に分析した結果を発言する。その間，他の学生は沈黙を強いられる。

　c．特定の人物：（ケースの）主人公などの立場で発言する。

　d．ヒット・アンド・ラン：早い時期に，準備してきた内容を発言する。

　e．産業アナリスト：ケースに記述されている産業界の状況を分析し，発言する。

　f．経験と関連付ける：ケースの状況を，自己の経験と関連づけて，発言する。

　g．質問する：ある学生の発言に関連した質問をする。

　h．要約する：学生たちが議論してきた内容をまとめる。

　このほか，比較的発言しやすい授業のスタート時点や，印象を与えやすい終了時点に発言する学生，クラスの数回に1回発言し，教師にそれなりの印象を与えようとする学生がいる。上記分類が妥当かどうかは別にして，教師は学生がどのように行動するか，を念頭におくとよいだろう。

Ronstadt, Robert (1978) *The Art of CASE ANALYSIS: A Guide To the Diagnosis of Business Situations*, Lord Publishing：28-29.

3）この点に関して，KBSのある教員は，予習してきたかどうかをチェックするために，ケース分析した結果（ノート）を，授業前に提出させることにより，このような事態を未然に防いでいる。筆者の場合，予習してこない学生に対して，入室を禁じている。

4）Wassermann, Selma (1994) *Introducing to Case Method Teaching A Guide to the Galaxy*, Teachers College, Columbia University：114-115.

5）学習障害（LD＝Learning Disabilities）とは，読み，書き，聞く，話す，あるいは計算能力についての習得と使用に著しい困難を示す障害を総称する。そこで，海外からの応募者に対して，一部のビジネススクールでは，卒業生が現地でインタビューしたり，書類審査に合格した応募者を，スクールに招いて，インタビューし，合否の判定を行う方法を採用している。

6）1975年当時，2年制のHBSでは，ケース約800〜900，1年制のIMDでは，約650〜700（1日3ケース月から金，土曜日午前中まで授業あり），1990年代半ば，学生の話によれば，KBSでは平均2ケース/日。

　ちなみに，クラスで使用されるケースは，2ページから30ページ前後の長さである。

　　　「1997〜1998年ベスト・セラー100ケースのページ数」

40ページ以内	3
30〜39ページ	11
20〜29ページ	35
10〜19ページ	33
2〜9ページ	18

　　資料：1997-1998年HBSケースリストより作成。

7) デイビッド W. ユーイング著，茂木賢三郎訳 (1993)『ハーバード・ビジネスス
クールの経営教育』TBS ブリタニカ：62-67。

8) ジョージア・テック方式とは，ジョージア工科大学により考案された方式で，5
（ファイブ）ミニッツ・テストという。

9) WACRA (2006)，豪州クイーンズランド工科大学におけるカンファレンスのテーマ。

10) 定期的なフィードバックは，授業の中間点で行っている。

11) Jeorge Day, IMEDE (IMD) 担当講師 (1975)，The University of Tront (1990 年
代前半)，Wharton 学長 (1990 年代後半)，著書 *Market Driven Strategy*.

第**9**章　コース・デザイン I

　この章は，コース・デザイン（授業科目の設計）について，その基礎的な事項について触れる。とくに，あなたが教師あるいは研修担当者であるならば，担当するコースのデザインについて興味があるだろう。ただ，読者のなかで，この分野に関心のない方は，スキップしてください。

　以下の問題は，筆者が担当した中央大学ビジネススクール戦略経営研究科博士課程「ケースメソッド」授業における問題である（資料 I 参照）。

演習問題

　春日ビジネススクール博士課程を修了したあなた（読者）は，水道橋大学ビジネススクールに採用され，1 年次の基礎科目「国際経営入門」（補足：読者の専門科目でも OK）を担当することに決まった，と仮定する。ビジネススクールの同僚たちは，あなたがケースを使った授業を進めたい，という教育方針には反対しないと思われます。むしろ，ケースを使った授業そのものにあまり関心がない，と言ったほうがよいでしょう。

　ケースメソッドの有効性を認識しているあなたは，基礎科目「国際経営入門」の授業にケースを使うことにしました。

　なお，大学の教務部職員は，「国際経営入門」の授業には，おそらく 10〜20 人ぐらいの学生が受講すると思います，と告げた。あなたの担当科目は，1 年次の前期必修科目，90 分／週 1 回の授業です。

問：あなたが，ケースを使った授業を設計するに当たり，最初にあなたが用意する，あるいは手はずを整える必要がある事項をあげてください。

---

(1) 概要設計

　まず，「担当科目（コース）」のトピックスと，その概要（コンテンツ）を思い浮かべてみる。つぎに，授業の設計，あるいは準備には，検討すべき項目（必要条件や前提条件）がある。それらを，

a）その他（Management，マネジメント）に関するもの，

b）Methods（メソッド）に関するもの，

c）Man（マン）に関するもの，

d）Machine & Facilities（マシーンとファシリテイ）に関するもの，

e）Materials（教材）に関するものに整理し，分類する。

　図表9.1は，QCの「特性要因図」を使って表したものである。[1] 図表9.1を
もとに，授業の準備に必要な要素に分解する。

a）その他・マネジメント（Management）

　① 大学（ミッション，アドミッション・ポリシー，情報公開）

　② 学部（カリキュラム編成，教員評価と能力開発）

　③ コース（シラバス，教育目標，学生評価，履修と卒業要件）

図表9.1　授業の準備

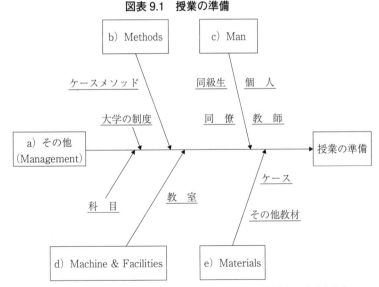

出所：エリスキーネ，ケース・ティーチング・ワークショップ資料（1997）より作成

b）メソッド（**Methods**）

① 教育目標（カリキュラム編成に基づいた教育体系と目標）

② 教育方法（講義，ケース，グループ・プロジェクト）

③ 学習法（個人学習，グループ学習，全体討議）

④ 評価（事前評価，形成的評価，総括的評価）

c）マン（**Man**）

① 参加者（アドミッション・ポリシーに基づく選抜，クラス・サイズ）

② 教員・同僚（コース設計・シラバスの相談），サポート・スタッフ

d）マシーン＆ファシリテイ（**Machine & Facilities**）

① 教室（ロケーション，レイアウト，座席とビジビリテイ，PC 機器，グループ討
議用小教室，オーディオ機器，空調設備）

e）マテリアル（**Materials**）

① ケース教材（タイプ，選定と難易度，学習と時間配分）

② その他教材（教科書，研究ノート，ビデオ，PC ソフト）

コース・デザインに際し，まず大学の「① ミッション」（図表9.2）では，ど
ういう人材を育成するか，そして，そのミッションを遂行するためには，どの
ような学生が応募してきて欲しいか（アドミッション・ポリシー），さらに，
こういう能力をもった人を教育して卒業させます，という教育方針があるか，
を確認する。

図表9.2 「ミッション」例

---

① エール大学：ビジネスと社会におけるリーダーの育成
② ペンシルバニア大学：産業と経済の成長を推進するビジネス・リーダーの育成
③ ハーバード大学：世界に影響をおよぼすリーダーの育成
④ バージニア大学：実社会におけるリーダーを育成することにより社会を変革する
⑤ スタンフォード大学：世界を変える革新的な，高潔な，見識のあるリーダーを育成する

出所：Datar, S. M., D. A. Garvin, P. G. Cullen（2010：119），HBS を参考に作成

　つぎに，ミッションに基づいた「② カリキュラム」がどのように編成されているか，そして，カリキュラムと授業の進め方の具体的な方策として「③ シラバス」が導入されているか，を確認する。

　この例に見られるように，どこのビジネススクールでも，「ミッション→カリキュラム→シラバス」の関係は明確に記述してある。もちろん，同僚にアドバイスを求めるのは，当然のことであるが，念のために，担当分野の教育体系がどのように編成されているか，を一度確かめてみるとよいだろう。また，あなた（読者）が海外のビジネススクールの教育に関心あるならば，ウエブ・サイトに掲載されているカリキュラム（注：非公開校もあり）や，授業で採用されている標準的なテキスト（例，Text and Cases やインストラクターズ・マニュアル）も参考になる。

(2) コース（授業科目）

　第1に，学生がコースでマスターして欲しい専門分野の知識の獲得や理論のマスター，フレームワークやツールの適用能力の育成などに必要な教育内容（コンテンツ）や，対象領域を調査する。

　第2に，コースのゴール「教育目標」を，「サブ目標」に分解する。そして，目標を達成するには，どのような教育方法（講義・ケースなど）を採用するか，を検討する。

　第3に，教育目標と教育方法に関連して，どのような教材（教科書，ケース，副読本，PC ソフト，ビデオなど）を採用するか，を検討する。

　教育目標を設定する前に，まず「ブルームによる教育目標」を理解しておくとよいだろう。

　教育学者ブルームは，教育目標を ① 知識，② 理解，③ 適用，④ 分析，⑤ 統合，⑥ 判断の6つに分類している。

　① から ③ までの目標達成には，「講義方式（Instructor-Centered Teaching あるいは Teacher-Centered Learning）」が，また，④ から ⑥ までの目標達成には「ケースメソッド方式（Participant-Centered Learning あるいは Student-Centered

Learning)」が適している，という。

　一方，スペンサーやデール[3]らは，学習方法を記憶保持率との関係を以下のように分類している。

① 本や論文を「読む（Read）」，

② 相手の話を「聞く（Hear）」，

③ 実際に見る「Seeing」，

④ 映像や展示物を見る（Seeing, Watching），デモンストレーション（実演）を
　　観察する（Watching），現場を見学に行く（Seeing）など，

「受動的な学習方法」では，2週間後の記憶保持率は，10～50％であるのに
対して，

⑤「討議に加わる（Participating in a Discussion）」，

⑥「自分で体験する（Presentation & Doing）」「疑似体験（Simulating）」するなど，

「能動的な学習方法」では，記憶保持率は70％～90％に向上するという（図
表9.3）。

図表9.3　学習ピラミッド

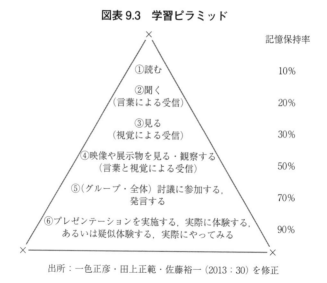

出所：一色正彦・田上正範・佐藤裕一（2013：30）を修正

「学習ピラミッド」の⑤段階では，グループ討議や，クラス討議に参加し，発言する参加者中心の学習法（Participant Centered Learning，通称 PCL）で，ケースメソッド方式は，ここに属している。

また，⑥段階「発言する，体験する，教える」学習には，疑似体験学習（例，交渉，ロールプレイング，アクション・ラーニング，ビジネスゲーム）や，体験学習（例，コンサルテイング・プロジェクト）は，記憶保持率も高く，学習効果もあがるので，多くのビジネススクールで採用されている。

もちろん，通常の授業は，「講義」と「ケース」をミックスした授業が中心である。そこで，①ケース中心，②ケースと講義のミックスと，授業日程を考慮した案を検討する。

なお，ここで，講義をL（エル），ケースメソッドをC（シー）と表記する。[4]

a案は　ケース（Case），ついで講義（Lecture）のミックスである。

a案：　C　　C　　　C　　C　　　　C／L
　　　　　　L　　L　　　L　　L

この方法は，一つのテーマで，まずC（ケース）を使い，その後L（講義）によって補足する学習である。最初にケースを使うという考えは，まずイシュー（問題）やチャレンジングなケース（例，主人公がジレンマに直面している状況）を使うことにより，学生の学習意欲を高める，という信念に基づいている。

このアプローチは，「帰納型」展開と呼ばれている。その方略は，最初にケースのイシューに関わる具体的な事実から，いろいろ推理し，予測し，仮説を立てる。続いて，イシューを分析し，討議しながら，その背景に潜んでいる因果関係を見つけ出して，一般化していく「展開型」で，問題解決や探求に向いた学習である。[5]

最後の授業は，コース全体に関するコンテンツを，学生がどの程度理解し，学習したかを，テストする総合的なケースを使うか，あるいはコースのまとめを講義により締めくくる。

　b案は，最初にある一つのテーマについて講義する（L），学習した知識やコンテンツを使って，ケース（C）を分析する，あるいは適用する学習である。この授業展開の方略は，最初に講義方式により基礎的な知識や，基本的な考え方を学習する。続いて，学習した知識や考え方を手がかりに，ケースに記されているイシューに内在する原因や因果関係を探求する。その過程の中で，事象や事実の意味づけを行いながら，イシューを解決していく「演繹型」の展開である。

　b案：L　　L　　　L　　L　　　　L／C
　　　　　　C　　C　　　C　　C

　最後は，コースで学習したコンテンツを講義する，あるいは総合的なケースを使った試験で終了する。
　c案は，授業の前半は講義中心，後半はケース中心の案である。学生はあるテーマを講義により基礎知識や理論を学習する，またツールを修得し，ケースに記述されているイシューに応用する，あるいは分析する学習である。

　c案：L　L　L　L　L
　　　　　　　　　　C　C　C　C

　ケースは，単一（シングル）のイシューから，次第に複雑なイシューへとレベル・アップする。
　d案は，講義（L）→ケース（C）→講義（L）の組み合わせにより，あるテーマを講義により知識を獲得する（knowledge），学習したコンテンツをケースに適用する（application），そしてなんらかの教訓（lesson）を得る学習（knowledge-application-lesson）である。

　d案：L　　　L　　　　　　L
　　　　　　C　　　C　C　C

最後は，コースで学習したコンテンツを講義で締めくくる。

e案は，ケース中心の教育案である。

e案：C　　C　　C　　C　　C　　C　　C

この案は，ケース学習に併せて，学生にテキスト（教科書）や補助教材（例，研究ノート）を指定し，必要な知識を補う学習である。

ところで，インディアナ大学ビジネススクールのI.D.ケスナー教授は，講義とケースメソッドのミックスが教育の中心である，と言う。

彼女は，博士課程の授業「ドクトリアル・ティーチングセミナー」の中で，

① ケース中心の授業：経営戦略，マーケティング

② 講義とケースのミックス：財務管理，管理会計，生産とオペレーション，国際経営，と述べている。[6]

以上幾つかの案を参考にして，コースの筋書きを考える。[7]

まず，① コースの「概要」を設計する，つぎに，② 各セッション（授業）のケースを選定する。その後，③ 各ケースをサポートするマテリアル（教材）を選定する。というステップを踏む。

コース設計に際して，

① 優れた計画と，構造（コンテンツ）を持つ，

② 最初の授業から学生を引き込む（例，シラバス上の文章表現），

③ コース中盤は，学生の疲労や退屈さ，を克服する工夫，

④ 最後は，記憶に残る授業が，コース・デザイナーに求められる。

また，コース全体の視点から，

① コンテンツ（内容）は，「首尾一貫しているか」

② スケジュールは，「詰めすぎたものになっていないか」

③ コース前半は，「学生の好奇心を喚起するものか」

④ コース中盤には，「飽きがこないか，学習意欲がなくならないか」

⑤ 最後の授業は，「やれやれ終了した，という気分にならないか」

　　など，コース原案の作成に注意を払う。

さらに，

① 指定する教科書や教材は，どの程度学習に必要か，

② コースに強弱をつける必要はあるか，

③ テーマは，シングル・イシューから複雑なイシューへ，さらに，テーマ
　　周辺領域に拡大するか，

④ コース（全体）のロードマップを，学生に示す必要はあるか，

　　などのチェックすべき項目がある。

また，初期の段階に使用するケース（テーマ）は，注意深く選ぶ必要がある。
選考する基準は，

① 学生の興味を引きつけるものか，

② 学生に挑戦しようとする意欲を喚起するものか，

③ 学習成果を論証できるものか，などである。

　ここで，ケース中心の授業をすすめる，と仮定する。最初に使用するケース
は，コースの傾向を決める。教師は，やさしいケースか？それとも，複雑なケー
スか？どちらのケースを選択したらよいだろうか？かりに，やさしいケースを
選択すると，学生はこのコースは取り組みやすい，と思うかもしれない。その
結果，あまり予習に力をいれなくなる可能性もある。そこで，ケースの複雑さ
と，授業日程（半期15週と仮定）との関係で考えると，幾つかの授業案が思い
浮かぶ。

① 案：図表9.4上〇印でプロットしてある日程は，通常のアプローチ，すなわ
　　　ち最初のケースは，必ずしも複雑なケースである必要ではない，とい

う前提に基づいている。そして，図表9.4（○印）はコンテンツとケースの複雑さを考慮して，徐々に難しくなっていくことを表している。ケースは，シングル（単一）・イシューから，マルティプル（複数）・イシューへ，短期的に解決すべき問題から，長期的に解決すべき問題へ展開する。

② 案：図表9.4上に▽印でプロットしてある日程は，最初に，複雑なケースを採用する場合を表している。おそらく，学生は，この授業を“タフな授業”だと思うだろう。それから，中間点まで難易度を徐々に下げることにより，学生はケース分析に少しは自信がもてるようになる。そして，中間点から最終の授業（セッション）まで，徐々に難易度の高いケースに取り組んでいく。ただ，このアプローチには，リスクがある。それゆえ，教師は最初の段階で，学習するプログラム全体のロードマップを学生に伝えることである。そして，今，どのテーマを学習しているのか，これからなにを学習しようとしているのかを，ロードマップ上に示すことにより，学生に学習の意義を理解させることである。そうしないと，授業修了後の評価で，“やれやれ，やっと修了した”という学生から厳しいコメントが返ってくるだろう。

③ 案：もう１つの案（▲印）は，最初は比較的取り組みやすいケースを，中間点に複雑なケースをピークにもっていく。後半から最終日までは，ケースの難易度をやや下げていくことにより，学生はケース分析に自信がもてるようになる。その結果，授業の最後に，学生はこのコースをマスターした，という満足感を得られるだろう。

　図表9.4に示した ② 案▽と，③ 案▲は，日程（スケジュール）を考慮してケース（とくにコンテンツ）に強弱をつけるアプローチである。それでは，コースの概要を考えよう。

　まず，コースのコンテンツ（カバーしようするテーマ）をいくつかのフェーズに分割し，順番に並べてみる。例えば，最初の３回は，ベーシック・イシュー（基礎的問題）を探求する，次の３回は，分析と計画に焦点をあてる，次の２

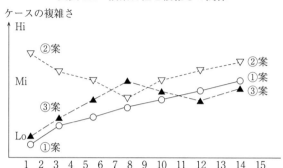

図表 9.4　授業日程と複雑さの関係

注：ケースの複雑さを Lo（低い），Mi（中程度），Hi（高い）で表す。▲あるいは▽は，ケースの難易度とその高低を表す。
出所：2014 年 ケース・ワークショップ（於 IESE）より作成

回は，計画の実行に焦点をあてる，次の3回は，特定の分野に焦点をあてたケースを扱う，最後の2回は，いろいろな視点や，学習した成果をもとに統合したケースを扱う。[8]

　この案を「授業」「トピック」「ケースのレベル」で表すと，図表9.5になる。
　図表9.5「コースの概要」は，第①案を選択した場合の「授業日程とケースの難易度や複雑さ」を表している。授業の開始から数回の授業を通して，教師は学生の行動やノリ，関心度を注意深く観察し，コースの改善が必要か，を判断する。コースの中盤に至ると，おそらく学生は飽きてくる。それゆえ，なんらかの仕掛けが必要である。例えば，a）学生に一息いれる機会を与える，b）ティーチング・チップ（Teaching Tips）を採用して，学生に刺激を与える，などの工夫が考えられる。中間地点に到着したら，学生個々のパフォーマンスをレビューし，何らかのアクション（例，インタビューやメールなどによる通知）が求められる。
　後半の授業では，コースで学習したコンテンツを統合するケースや，総合的なケースを使う，などの構想が思い浮かぶだろう。

図表 9.5　コースの概要 (第 ① 案)

授業	トピック	ケースのレベル
前半 (1〜3) 回	状況分析 (単一のイシュー	初級レベル
	→複数のイシュー→複雑なイシュー)	中級レベル
前半 (4〜6) 回	原因分析と代替案作成に焦点	中級レベル
7 回 (中間点)	中間試験 (ケース・レポート)	
後半 (8〜9) 回	実行計画案に焦点	中級レベル
後半 (10〜12) 回	特定分野に焦点	中級レベル
後半 (13〜14) 回	総合的な分野に焦点	上級レベル
15 回 (予備)	最終試験，あるいはケース・プレゼンテーション	

注：授業は，半期 15 回と想定している。
出所：Andersen, E. (2014：16) を参考に作成

次に，各授業 (セッション) ごとに，

① 各授業の目的，

② 教育方法 (ケース・レクチャー・読書課題)，

③ 新トピックス (各授業で導入する新しい試み)，

④ 次の授業とのつながり，

⑤ その他，特筆すべき事項 (例，学習効果が期待できる) など，気がついた
項目を付箋紙に記入し，フリップ・チャートに，あるいはメモ用紙を黒
板に貼り付けることにより，その概要をデザインする (図表 9.6)。

図表 9.7 は「グローバル・マーケティング」のコース概要，授業回数とタイ
トルを表している。[9]

(3) ケース選定

もし，あなたが経験の浅い教師ならば，コース，コンテンツに合ったケース
を選定するに際し，まずケースの特徴 (タイプ，難易度，長さ，作成年，質的
ケース，ソースによる分類など) を理解しておく必要がある。

図表 9.6　コース設計の概要

授業	① 目的	② 教育方法 Case/Lecture Readings	③ 新トピック ス導入	④ 次の授業と のつながり	⑤ その他
1					
2					
3					
4					
5					
—					
略					
—					
13					
14					
15					

出所：2014 年 ケース・ワークショップ（於 IESE）より作成

図表 9.7　「グローバル・マーケティング」概要

授業回数	タイトル	ケース（予想）
1 回	グローバル・マーケティング序	①
2 回	グローバル・プレイヤーへ	②
3 回	グローバル市場のアセスメント	③
4 回	グローバル・マーケットへ	④
5 回	グローバル市場の理解—市場調査	⑤
6 回	グローバル製品政策	⑥
7 回	グローバル・ブランド政策	⑦
8 回	ローカル広告政策	⑧
9 回	グローバル・セールスフォース管理	⑨
10 回	グローバル流通の管理	⑩
11 回	グローバル・プライシング政策	⑪
12 回	グローバル・マーケティング戦略の作成	⑫
13 回	グローバル・マーケットに対する計画	⑬
14 回	グローバル戦略の実行 I	⑭
15 回	グローバル戦略の実行 II	⑮

注：この時点では，使用するケース①から⑮までは未定である。
出所：Kashani, K.（1992：11）

3a) ケースのタイプ

ロンドン・ビジネススクールのシモンズ教授や，ヒース講師[10]は，ケースを以下のように分類している。

① エクササイズ・ケース（Exercise Case Study）：特定の（演習用）問題の解決策を考える。

② 状況分析ケース（Situation Case Study）：ケースに記されている経営状況を分析する。

③ 複雑なケース（Complex Case Study）：ケースには，複雑で，大量のデータが含まれている。諸問題のなかには短期的に解決すべき問題だけでなく，根本的な問題も潜伏している。

④ 意思決定ケース（Decision Case Study）：ケースを分析し，主要問題を解決するための代替案を考える。そして，選択した案の実行計画を作成する。

⑤ イン・バスケット方式（In-basket Case Study）：学生は，管理職の机にある未決の決裁箱に入っている複数の書類を読み，限られた時間内に決裁する。

⑥ インシデント・プロセス方式（Critical Incident Study）：学生は，起こった出来事を分析するために必要なデータ，未確認情報の信頼度を評価する。

⑦ 時分割したケース（Action maze Case Study）：直面している問題を把握し，何らかの決定をする。アクションした結果が，次のケースに記されており，その対応が求められる。

⑧ ロール・プレイを伴うケース（Role Play Case Study）：ケースに記述されている人物（例，交渉相手）の役割を演じる。

⑨ ノート，あるいはリサーチ・ノート（Note, Research Note）：ケースに付随する補助教材，ノート（Notes to Company Case）がある。

3b) ソース（情報源）による分類

ケースは，データ・ソースをもとに，タイプⅠ："フィールド・リサーチ"ケース[11]，タイプⅡ："デスク・リサーチ"ケース，"ライブラリー"ケース，タイプⅢ："フィクティティアス（Fictitious・虚構）"，あるいは"コンポジット"ケースに分類される[12]。

タイプⅠ：プライマリー（1次）データを使って開発したケースをいう。

　すなわち，ケース・ライター（作成者）が，直接企業を訪問し，関係者にインタビューする，など実地調査によるデータ（素材）を収集し，ケースを作成する。データ・ソースには，企業の記録，株主に対する財務諸表，営業報告書，企業内データ（許可が必要）が含まれる。

　HBS（ハーバード大学），UWO（ウエスタン・オンタリオ大学）をはじめ，多くのビジネススクールや，NACRA（North American Case Research Association）などで作成したケースは，タイプⅠに属している。ケースのなかには，実際の企業名，主人公名，データなどが仮装（Disguise）されたケースが含まれる。

タイプⅡ：セカンダリー（2次）データをもとに作成されたケースをいう。

　通常，"デスク・リサーチ（Desk Researched）" ケース，あるいは "ライブラリー（Library Cases）" ケースとよばれている。データ・ソースは，信頼できる新聞，業界誌，ジャーナル，Webデータ，メディアによるインタビューが含まれる。ケースは，公表されているデータをもとに開発されたものであるが，時には企業の使用許可が必要になる。

　タイプⅠのケースは，現実（Real Case）のものであるが，ケース素材の収集，ケース作成には，多くの時間，マンパワー，費用がかかる。それに対し，公表されている2次データをもとに作成されたケースのほうが開発しやすいメリットがある。

タイプⅢ：企業の訪問も，実施調査もせず，イスにかけたまま作成するケース
　　　　　を「安楽椅子のケース（Armchair Case）」という。

　ケース・ライターの頭のなか，すなわち個人の体験に基づいて，作成されたケースのなかには，全部は事実（ファクト）ではなく，一部はフィクションである場合もある。いかにも本当らしく作られているケースでも，現実のケース，実際のケース（Actual Case）でもないケースを「虚構のケース（Fictitious Case）」と言う人もいる。そのうえ，このタイプのケースには，ライター（作

成者）のバイアスが入っている可能性がある。この点に関して，Mr. & Mrs.
ナウメ（2012）は，個々の状況はリアルであっても，全体はフィクションであ
るケースを，複合ケース（Composite Case）と呼んでいる[13]。

　アーム・チェアー，複合ケースなどタイプⅢに属するケースは，比較的容易
に作成できるが，短所は現実（リアル）の状況をもとに作成されたものではな
いことである。それゆえ，多くのケース・センターでは，しばしば販売対象か
ら除外している。さらに，学術団体であるNACRAでは，ケースとしてアク
セプトしていない[14]。

　以上の分類のなかから，ビジネススクールでは，通常タイプⅠのケースが使
われている。ついで，タイプⅡに属するもの，タイプⅢのケースのなかで，アー
ム・チェアーと呼ばれるケースがまれに使われている。

3c) ケース（長さと難易度）による分類

　ケースの長さは，2ページ（Short Case）から30ページを越えるケース（Long
Case）までの分量で作られている（図表9.8）。

図表9.8　1997年ベスト・セラー100ケースのページ数

40ページ以上	3
30〜39ページ	11
20〜29ページ	35
10〜19ページ	33
2〜 9ページ	18

資料：HBSティーチング・マテリアル1997年版より作成

　ショート（短文）ケースは，内容的に「単純なケース（Simple）」である場合
が多く，初心者（例，学部生）向きの「入門用ケース（Introductory Case）」と
して利用されている。しかしながら，ショートケースは，複雑な経営状況を単
純化して記述しているため，現実を理解する教材として，不十分である。そこ
で，より現実に近い経営状況を把握するために，ケースは次第に詳細になり，
長文になった。その結果，ロング（長文）ケースは，複雑なケース（Complicated
Case），あるいは難しいケース（Hard Case）になっている。この点に関し，エ

リスキーネ教授らは，ケースをやさしい（Easy）ケースから，難しい（Hard）ケースへと変わる程度を，レベル1（初級），レベル2（中級），レベル3（上級）に分類している。

さらに，彼はケースのコンテンツを3つの次元，

I アナリティカル次元（Analytical dimension），

II コンセプチュアル次元（Conceptual dimension），

III プレゼンテーション次元（Presentation dimension）

に分類している。

I アナリティカル次元

レベル1では，ケースにはイシュー，そしてイシューに対して考えられる代替案や決定基準，決定すべき事項も記述されている。それゆえ，学生はとるべき決定が妥当なものか，決定にいたるプロセスは適切なものか，さらなる代替案を考慮したものか，決定した結果はどのような状況が予想されるかを評価する。

レベル2は，学生はケースに記述されている状況を分析し，いろいろな代替案を創出し，特定の決定基準をもとに，すべての代替案を評価し，決定し，アクションや実行計画案を立てる。

レベル3は，ケースの難易度がアップするにつれ，不必要な情報や，曖昧な情報が増え，イシューも複雑になり，解決策の糸口も容易に見いだせなくなる。それゆえ，学生は，記述されている複雑な状況を熟読し，なんらかの決定をすべきか，どのような解決策が考えられるか，どのような決定基準を採用すべきか，どのような解決策が好ましいか，選択した案をどのように実行したらよいか，そして，予想される結果が好ましいものか，を自ら考え出すことが求められる。

アナリティカル次元（Analytical dimension）のレベルがアップするにつれて，ケースを分析する時間も長くなる。

Ⅱ　コンセプチュアル次元

　コンセプチュアル，あるいは理論的次元とは，どのような理論やコンセプト，あるいは手法（テクニック）が，経営状況の理解や解決に有益か，その程度をレベル1からレベル3で表す。コンセプチュアル次元では，シンプルなコンセプトや理論から，コンプレックスなものへとレベル・アップする。レベル3では，クラスで広範囲にわたる討議が求められる。それゆえ，ケース分析に際し，関連するコンセプトや理論はなにか，そしてどのように適用するかに多くの時間を要する。

　この分類は，教師は，教育上どのようなコンセプトや理論を統合したケースの採用がベターか，の判断材料になる。

Ⅲ　プレゼンテーション次元

　プレゼンテーション次元とは，ケースに記述されている情報，すなわち，重要な情報，関連する情報，欠けている情報，などを見分けるスキル，バラバラな情報を組み立てるスキルに関するものである。

　ケースの難易度は，ケースの構造，長さ，複雑さと関連がある。

　レベル1では，ケースは，

　a）短文，

　b）系統立てた記述，

　c）ほぼ利用可能な関連情報が含まれる，

　d）外部情報は，あまり記述されていない，

　e）シングル，かつシンプルな文章で構成されている。

　レベルが1から3へアップするにつれ，

　a）短文から長文へ，

　b）系統立てた文章記述から無秩序な記述へ，

　c）利用可能な関連情報から関連情報の欠如へ，

　d）レベル・アップするにつれて，多くの外部情報が含まれる，

　e）単一の文章構成から，複雑な文章構成，あるいはデータ・ベースが入っ

184

た構成へと変わる。

以上のように，ケースを三次元に分類することは，教師がケースを選択する際の判断材料になる。

ちなみに，ケース「DX 社」をアナリティカル次元を X 軸，コンセプチュアル次元を Y 軸，プレゼンテーション次元を Z 軸とすると，(X，Y，Z)軸は (2，2，1) で表せる（図表 9.9 参照）。

図表 9.9　ケースの困難度

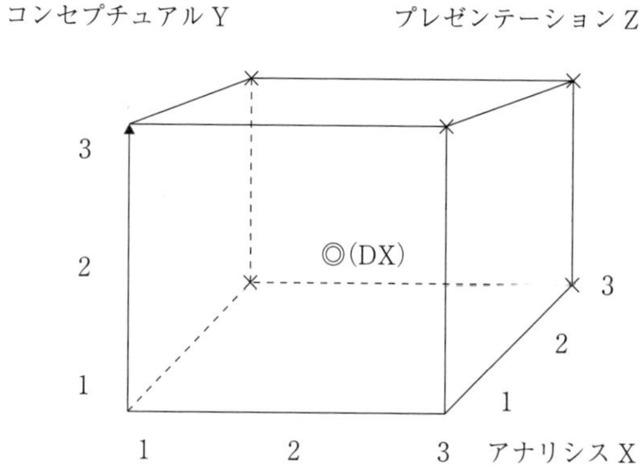

出所：リマ（2014：14）を参考に作成

3d) ケースの選定

教師は，

a) 対象学生（参加者のプロファイル，成熟度），

b) コース（学部生，MBA 学生，管理者），

c) コースの位置づけや，スケジュールなど，

の要因を考慮して，ケースを選定する。

その際，以下の項目に注意を払う。

① ティーチング・ノート（Teaching Note）の入手可能性：ノートが入手可能な

場合，教師にとって予習時間を大幅に短縮できるメリットがある。さらに，ケースを使用した経験のある教師のサジェスチョンがノートに記載されていれば，ケース・プランを立てる際の参考になる。

　ノートが入手不可能な場合，教師はケースを熟読し，関連する情報を活用して，教師自身でノートを作成しなければならなくなる。とくに，日本で作成されたケースには，ほとんどノートが備わっていない。また，あったとしても，ノートのガイドラインに沿って記述されていない。

② ケースの作成年：学生のアンケート調査では，多くの学生からケースが古いというコメントが寄せられている。しかしながら，古いケースでも教育目的に合ったものや，長期間使われている優良なものもある。

　ケース作成費用，マンパワー，作成時間を考慮すれば，5☆クラスのケースは，簡単に作成できるものではない。ハーバードの記録によれば，ヒットする確立は1％前後という。

　また，近年技術革新，グローバル化，産業構造の変化，企業の変遷に伴い使用不可能になるケースが増加している。

③ 産業：ケースには製造業，サービス業など，いろいろな分野に属するものがある。また，おなじ製造業でも，受注生産企業と，見込み生産企業ではビジネス・プロセスが異なる。それゆえ，学生がいろいろな産業分野のケースを学習することにより，より高い教育効果が期待できる。ただ，学生があまりよく知らない業界のケースを採用する場合は，補助教材（リサーチ・ノート）が必要になる。

④ 企業の発展段階と規模：企業の発展段階は，創業期，成長期，成熟期，衰退期に分類される。当然，創業期の企業と，成熟期の企業では，経営戦略，マーケティング，組織行動，マネージャーの役割も異なる。それゆえ，これらをミックスしたケースの採用は，学生の学習に有益である。

⑤ 主人公：対象学生（20代，30代）や，コースのレベル（初・中級）によって，ケースで使われる主人公の年齢，職業，管理者，ジェンダー，などの要因はケース採用に影響を与える。

⑥ ケースの長さ：ケースは短文（2〜6ページ），中程度（7〜12ページ），長文（13ページ以上）に分類される。ここで，HBSティーチング・マテリアル（「ケース・リスト」，図表9.8の1997年資料）に収納されているケースの長さを調べると，平均6〜7ページである。[16]それゆえ，教師は，学生の負担（ワークロード）を考慮して，ショートケースから10数ページにおよぶケースのなかから選択する。

⑦ 複雑なケース：複雑なケースを採用する場合，コース対象外のコンテンツが含まれていることがある。このような場合，学生に専門用語，技術などを理解させるには，補助教材（マテリアル）によるリーディング（副読本）の指定か，ミニ・レクチャーが必要になる。

⑧ 質的中心のケース，量的中心のケース：マーケティング，組織行動のケースには，そう多くの数値情報が含まれていないが，ときには計量的な分析が求められる。また，プロダクションとオペレーション管理（POM），管理会計などのケースでは，データ分析の結果をもとに，経営上の意味を解釈する能力が学生に求められる。

⑨ 他のコースに利用可能なケース（Cases used in other courses）：ケースは，特定分野向けに作成された教材であるが，複数の分野で利用可能なケースもある。ノートのなかに，その利用分野が記述されている。つまり，同一のケースでも，コースによって異なる利用法がある。

⑩ マルティプル・ケース：ケースを一つのケースとしてではなく，ケースA，ケースB，ケースCと時間軸に沿って分割して使う方法がある。これに対して，一つの会社を機能別，あるいは横断的に分割したケースもある。学生は同一の企業を，いろいろ異なった視点で学習できるメリットがある。このタイプのケースは，通常同一の会社とわからないように仮装（Disguise）されている。

⑪ 海外のケース：国際経営や国際行政分野のケースを選定する場合，地域（アフリカ，中近東，アジア）によっては入手可能なケースが限られている。それは，地域によってはデータが信頼性に欠ける，ケースの作成費用がかかる，

などの理由があげられる。また，地域に根ざしたローカル・ケースは，フィリピン，インド，イラン，中南米，日本など，各地のビジネススクールで作成されている。

　もし，授業に必要なケース教材が見つけられなかった場合，まず，2次データをもとに作成されたケース（「ライブラリー・ケース」）があれば，採用の候補になる。ついで，「アーム・チェアー」と呼ばれるケースも，選択の対象となる。それでも，教育目的に沿ったケースが見つけられなかった場合には，教師自身（含むリサーチ・アシスタント）がケースを作成するか，それともケース作成を外注する。

(4) ケース関連教材（Case Material）の選定

4a）ケース関連教材

　ケース関連教材（Articles）には，教科書（テキスト）とリサーチ・ノートがある。例えば，以下のような標準的な国際マーケティングのテキスト（大学院生向け）がある（図表9.10）。

図表 9.10　標準的な教科書例

1　B. Toyne, "Global Marketing Management-Concepts and cases", Irwin
2　J. Hennessey & H. D. Henneseey, "Global Marketing Strategy", Miffin
3　K. Kashani, "Managing Global Marketing-Cases and Text, Pws-Kent
4　M. Kotabe & Helsen, "Global Marketing Management", John Wiley

補足：Toyne, Hennessy, Kashani の本は筆者が所有
出所：サウス・カロライナ大学 FDIB プログラム会場に展示

　これらのテキストは，グローバル（あるいは国際）マーケティングのコースで広く使われている。それゆえ，コース・デザインの際，採用の対象になる。例えば，前出の図表9.7「グローバル・マーケティング」で使われているコースは，

　1章（入門），

2章（グローバル・マーケティング）

3章（グローバル戦略実行），

という3つのカテゴリーに分類されている。

次に，「ケース名」「企業規模」「製品・サービス」「ロケーション」別に分類したのが，図表9.11である。

「グローバル・マーケティング」のコースで使われるケースは，産業分野，企業とその規模，製品やサービス，国による違い，シリーズもの，など多岐にわたり，トピックス，テーマを広く，かつ深く，経営の複雑さを学ぶ，というコース・デザイナーの意図を読み取ることができる。

4b) 教材としてのノート

①リサーチ・ノート，②学生向け，③教師向け，④ビデオ教材，⑤副読本（ジャーナルなど）がある。

以下，HBSおよびKBSティーチング・マテリアルに掲載されているいくつかのサンプルを提示する。

① リサーチ・ノート

  1 Note on Venture Capital Industry

  2 Note on Developing a Business Plan

② 学生向けの教材

  1 Note on Case Analysis

  2 Note on Report Writing

③ 教師向け教材

  1 ケースメソッド授業による討論の振り付け

  2 ケースメソッドによる討論授業―価値観とスキル[17]

4c) その他教材

① ビデオ教材

  1 British Airway, Jim Harris Interview

  2 General Electric Co, Jack Welch Question and Answer Session, 1988

図表9.11 「グローバル・マーケティング」で使われるケース例

番号 ケース名	企業規模	製品・サービス	ロケーション
1章 グローバル・マーケットとマーティング入門			
1 Libby's Beverages	大企業	フルーツ・ジュース	Suisse/UK Spain/Portugal
2 Nokia Data	小企業	コンピュータ	Finland/Europe
2章 グローバル・マーケティング戦略の作成			
「市場機会の分析」			
3 Skisailer	小企業	スポーツ	Suisse/Europe/ North America
4 Lestra design	中企業	ダウンの枕	Japan/France
5+6 Club Med Sales (A) (B)	中企業	パッケージ・ツアー	US/France
「製品政策」			
7 Colgate-Palmolive	大企業	ボディーソープ	Canada/France /US
8 Nabisco Brands	大企業	スナック	France/Italy
「コミュニケーション：広告と個人セールス」			
9+10Herts (A) (B)	中企業	カー・レンタル	Germany
11 Grasse Fragrances SA	中企業	芳香剤	France/ Worldwide
「流通」			
12 Leykam Murztaler	中企業	上級紙	Austria/Europe
13 Jordan	小企業	歯科衛生	Norway/ Worldwide
「価格」			
14 Pharma Swede	中企業	薬	Sweden/Italy/ Europe
15 Philip Morris	大企業	煙草	Japan/Germany/ US
3章 グローバル・マーケティング・プログラム			
16 Swatch	中企業	時計	Suisse/US/ Worldwide
17 Volvo Trucks Europe	大企業	トラック	Sweden/Europe
「グローバル戦略 実行」			
18+19 Maschinenfabrik Meyer AG (A) (B)	小企業	皮膜分離	Suisse Worldwide
20 Kao in Singapore	大企業	洗顔クリーム	Singapore/Japan
21+22 Alto Chemicals Europe (A) (B)	大企業	化学	Suisse/Europe

出所：Kashani, Kamran（1992）

3　Time Based Competition; Time as the Source of Competitive Advantage

② 雑誌やジャーナル（学術文献）

以下の雑誌やジャーナルは，リーディング・アサインメントとしてよく使われている。

1　ハーバード・ビジネスレビュー（HBR）

2　スローン・マネジメントレビュー，など

これら教材は，各ケースセンターから購入可能である。

(5) その他 (考慮すべき事項)

5a) チーム・ティーチング (同僚との協働)

多くのビジネススクールでは，複数の教員が，同一の時間帯，同一の授業科目（コース）を担当している。それゆえ，事前に授業の進め方など，十分な打ち合わせが必要になる。

もう一つは，複数の教員が一つの授業を分担することがある。例えば，ケース（例，「アサヒビール」）をもとに，最初の教師は，「リーダーシップ」の視点，次の教員は「マーケティング」の視点，最後の教員は「管理会計」の視点で，経営状況を討議する方法（Co-Teaching）である。

5b) ゲスト・スピーカー (外部講師の招聘)

授業に，ゲスト・スピーカーを招くことがある。例えば，組織行動（リーダーシップ）の授業で，ケースの主人公を招き，ゲスト（後部座席に着席）は，全体討議を観察する。その後，教師に紹介されたゲストは，教卓の前で，討議したことについてコメントする。つぎに，学生の質問に応答する。このように学生は，直接ゲストから実際の経営について学習することができる。

5c) ホームワーク

時には，教師は比較的小規模なクラスを担当することがある。この場合，学生に 200～400 文字程度のショート・レポートを課すことが可能になる。この方法のメリットは，

① 学生は，必ず予習して授業に出席することが求められる

② 教師はどの程度，学生が理解しているか，をチェックできる

③ 学生が基礎的な宿題（問い）に回答しているならば，当日の授業はより深い討議が可能になる

④ ホームワークを課すことにより，クラスであまり発言しない学生に関する情報が得られる。

デメリットは，学生は与えられたホームワークだけを準備して出席すればいい，という風潮になる。

5d) ケース試験とケース・レポート（WAC）

中間試験，期末試験，ケース・レポート（Written Analysis of Case），ケース・プレゼンテーション（グループ）について検討する。ケース試験を実施する場合，時間的制約を考慮して，ケースを選定する。その際，

① 前日ケースを配布し，翌日教室で問題を配布して，学生に回答させるか，

② それとも，当日教室で配布したケースを読み，回答させるかによって試験時間（2〜4時間）は大きく変わる。

以上，この章ではコース・デザインについて触れた。

注・引用文献

1) Erskine, James A., Michiel R. Leenders, Louise A. Mauffette-Leenders (2003), *Teaching with Cases, Third Edition*, The University of Western Ontario：172 を参考に作成。

2) カリキュラムのデザイン：経営情報学の研究領域では，経営情報学会（1993）『経営情報学カリキュラム研究部会—研究部会報告書』：執筆者（藤田恒夫・阿澄一寛・井上秀次郎・菊地光昭・住田友文・難波和明・恩藤哲哉・立花靖弘・西ヶ谷邦正・百海正一・渡辺慶和・松丸正延・飯島淳一）。
経営情報学会（1995）『経営情報学会研究部会報告書』執筆者（百海正一・住田友文・飯島淳一・難波和明・松丸正延・菊地光昭・渡辺慶和・阿澄一寛・井上秀次郎・恩藤哲哉・藤田恒夫・松下倫子・立花靖弘）がカリキュラムを設計した。

3) Spencer, K. (1991) *The Psychology of Educational Technology and Instructional Media*, West View Press.

一色正彦・田上正範・佐藤裕一（2013）『理系のための交渉学入門』東京大学出版会：30。

4) Lynn Jr., Laurence E. (1999) *Teaching & Learning with Cases, A guide book*, Chatham House Publishers, Seven Bridges LLC：104-110.
なお，リン教授（シカゴ大学）は FASID (Foundation for Advanced Studies on International Development) のインストラクターを務めていた。
Mingst, Karen A. and Katsuhiko Mori ed. (1997) *Teaching International Affairs with Cases-Cross-National Perspectives*, New York, Holt, Rinehart, Winston.
ＣとＬ表示の組み合わせ表示は，Katsuhiko Mori（現 ICU）のアイディアである。

5) 古藤泰弘編（2007）『学習力を育てる授業　その理論と実践事例』教育開発研究所：154-155。

6) 1997～98 年インディアナ大学「ドクトリアル・ティーチング・セミナー」。

7) アイディアは，ケースセンター（Case Center 主催，2014），Kamran Kashani 教授が担当，"Case Workshop" の「コース・デザイン」参照。
鈴木克明（2012）『教材設計マニュアル』北大路書房。

8) Andersen, Espen & Bill Schiano (2014) *Teaching with Cases: A Practical Guide*, HBS Press：16 を参考に作成。
McKeachie, Wilbert J. (1994) *Teaching TIPS Ninth Edition*, Heath and Company, Chapert 15 (Teaching with Cases).

9) Kashani, Kamran (1992) *Instructor's Manual, Managing Global Marketing-Cases and Text*, PWS-KENT：11.

10) ドナルド・シモンズ教授は，ロンドン大学マーケティング教授，ジョン・ヒースは，経営コンサルタント，Case Center の常任評議員，International Teachers' Program 講師（INSEAD）。
Heath, John (1997) *Teaching & Writing Case studies: A Practical Guide*, ECCH：105-107.
百海 正一（2009）『ケースメソッドによる学習』学文社：25-43 参照。

11) Erskine, J. A. et al. (2007) *Learning with Cases*, Ivey Publishing, Richard Ivey School of Business, Canada.
エリスキーネらは，タイプ I ケースを"フィールド・リサーチ"ケースとよんでいる。
Lima, Marcos and Thierry Fabiani (2014) *Teaching with Cases A Framework-Based Approach*：42-44.
Reddy K. S. and R. Agrawal (2012) *Designing Case studies from Secondary Sources, A Conceptual Framework*, International Management Review, 8 (2)：63-70.

12) 村本芳郎（1982）『ケースメソッド経営教育論』文眞堂：64-68。

13) Naumes, W. and M. J. Naumes (2005) *The Art & Craft of Case Writing*, M. E. Sharpe.

なお，マーガレット・ナウメ夫人の曾祖父はウイリアム・クラーク博士である（本人談），WACRA，NACRA 会員。

14) NACRA (North American Case Research Association) では，タイプ I ケースのみで，審査にパスしたケースが論文として学会誌に掲載される。採択率は 13〜14%前後。筆者も元会員。

15) Erskine, J. A. et al. (1981) *Teaching with cases*, Research and Publications Division, School of Business Administration, The University of Western Ontario：12-17.

Erskine, J. A. "Case Teaching Work Shop 1997", 資料 UWO.

16) "Case Catalog, 1999 Edition", IVEY Publishing.

"Catalog of Teaching Materials 1997-1998", HBS Publishing.

17) "Case List 教材リスト 2003", KBS：276-277.

補足 1：現在，HBS，UWO，KBS ともケース・リストは出版していない。

ただし，以下のスクールは，ウェブを通して，ケース教材を取り扱っている。

① The Case Center (http://www.thecasecentre.org/educators/)

② University of Western Ontario's Ivey Publishing：(http://www.iveycases.com)

③ University of Michigan's Globalense：(http://www.globalens.com)

④ Columbia University's CaseWorks：(http://www8.gsb.columbia.edu/caseworks/)

⑤ Stanford Business School Publishing：(http://gspapps.stanford.edu/cases/)

⑥ London Business School Cases：(http://www/london.edu/facultyandresearch/research/casestudies.asp)

⑦ Darden Business School Publishing：(http://sotre.darden.virginia.edu/ecustomer.enu/start.swe)

⑧ INSEAD Cases：(http://www.insead.edu/facultyresearch/research/)

⑨ Indian Institute of Management：(http://www.iimahd.ernet.in/iima-cases.html)

⑩ IESE Business School Cases：(http://www.iesep.com/) スペイン語

⑪ CCMP (Centrale de Cas et de Medias Pedagogiques)：(http://www.ccmp.fr) フランス語

⑫ Case Place (http://www.caseplace.org/) Singapore Management University

⑬ Asia Business Center (http://www.asiacase.com/) Nanyang Technological University

⑭ NACRA（North American Case Research Association）（http://www.theca-secentre.org/casecollection）Journal

⑮ WACRA（World Association for Case method Research & Application）（http://www.wacra.org/）IJ CRA Journal

⑯ 日本ケースセンター（名古屋商科大学）（http://casecenter.jp/）海外のケースも販売している。

⑰ KBS（https://www.bookpark.nejp/kbs）（慶應義塾大学ビジネススクール）

⑱ その他（AIM＝（Asian Institute of Management）Philippines），東京海洋大学など。

これらのホーム・ページは，筆者が 2014 年前後にサーチしたものである。それゆえ，これらのホーム・ページは毎年アップデートされているので，関心ある読者は直接サーチされたい。ただ，ケースを購入する際に，厳しい審査が行われる。その後，購入する大学・企業（研修部門）との契約が必要になる。

補足 2：2000 年代前半，CEEMAN（Central East European Management Association）の会議がベルリン ESMT（European School of Management & Technology）学長 Derek Abell（ボストン→HBS→IMD→ESMT 学長）の下で，開催された。その結果，英語の教科書の採用と，ケースは各地域で開発する，という結論に至った。筆者も賛成した。

第10章　コース・デザインⅡ

　第9章で，コース・デザインに関する基礎的な事項について触れてきた。ただ，詳細設計に関して，具体的に記述されている論文は見当たらない。そこで，1990年代後半，筆者がインディアナ大学ビジネススクール客員教員時代，同大学の授業科目（国際経営，国際マーケティング，国際マネジメント，インダストリアル・マーケティング，交渉，新製品開発，ドクトリアル・ティーチング・セミナー[1]）を聴講した。また，並行して，サウス・カロライナ大学大学院 MIBS (Master of International Business Studies) および，AGSIM (American Graduate School of International Management) の FDIB プログラム[2]（国際経営，国際マーケティング，グローバル・オペレーションとサプライチェイン・マネジメント，インターナショナル・ビジネス理論など）を，受講した体験をもとにして，いくつかのシラバス例を紹介する。

　MIBS（国際経営学修士課程）のプログラムは，

「①ミッション（グローバル・ビジネスに明るい人材育成の方針）」，

　↓

「②（国際化に沿った）カリキュラム」の再編成，

　↓

「③（授業科目の）シラバス」の作成から，構成されている。

　なお，「シラバスとは，教師が学生に対して行う授業の予定表であり，これをもとに学生は学習計画を立てる一種の契約書である」といえる。そのために，教師は学期の始まる前に，大学の教務部門に授業科目のシラバスを提出することが義務づけられている。そのシラバスには，当日の授業に臨む際，リーディング・アサインメント（読書課題）などのリクワイアメント（Requirement）が

記述されている。とくに，ケース中心の授業では，クラス討議に参加するために，学生は指定された教科書や，平均して2つの論文，あるいは副読本を読まなければならない。

　そこで，（教師である）読者は，以下の演習問題に取り組んでほしい。

演習問題

　水道橋ビジネススクールに就任することになったあなた（教師）は，学部長からメールで，"シラバスを教務部に〇〇日までに提出してください"というメールを受領しました。
　担当科目の「シラバス」を作成する前に，以下の設問に回答してください。

設問：記入すべき項目は，以下の通りです。すべての項目を満たす必要はありませんが，
　　　アステリスク（＊）の項は，必ず記入してください。

「項目」　　　　　　　　　　　「記入すべき内容」
(1) コース名＊：
(2) コース目的＊：
(3) 教科書＊：
(4) 補助教材：
(5) 教授法＊：
　　　講義：
　　　ケース（スタディ）：
　　　プロジェクト：
　　　レポート：
　　　プレゼンテーション：
　　　中間・期末試験：
　　　ターム・ペーパー（期末レポート）：
(6) 成績＊：
　　　学生に対する評価：
(7) その他（学生に対する要望などのメッセージ）
　　　成功要因：
　　　その他（もしあれば）：
(8) スケジュール
　　　記入項目（日時，「トピックス＆アサインメント」，教科書（ページ）を記入する（図
　　　表10.1参照）。

　教師は図表10.1のスケジュール例にみられるような毎週の課題予定表，こ

の場合週3回（月─水─金）を作成し，事前に学生に配布するとともに，教務部に提出することが義務づけられている。

図表10.1　「スケジュール」例

週　月／日	トピックスとアサインメント	リーディングス
月 1/18	序　＆　概観　　──	
水 1/20	1章：国際経営：　概観	pp.5-33
	ケース：「ユーロ・ディズニー」＆討議	
金 1/22	2章：ビジネスが直面する政治・法律・経済環境	pp.39-57
	以下 … 省　略 …	
補　足1：スケジュール：週3回（月─水─金）8:00-8:50 の授業		
補　足2：教科書，ジョン・ダニエル著『インターナショナル・ビジネス』		

出所：ジョン・ダニエル教授（国際ビジネス）配布シラバス

「シラバス」には，当日の授業に臨む際に読んでこなければならないリーディングス（読書課題）が記述されている。また，クラス討議に参加する学生は，平均して2つの論文を読んで出席することが求められている。

　それでは，インターナショナル・ビジネスのシラバス（図表10.2）を参照してください。

図表10.2　シラバス「インターナショナル・ビジネス」

(1)「国際ビジネス」：ジェフ・アーパイン教授（USC, Columbia 校）
(2)「コース目的」：
　　① 国際貿易　　　　　　　② 国際投資
　　③ 国際金融市場　　　　　④ 海外オペレーションと管理
　　⑤ 多国籍企業の会計と税制　⑥ 多国籍企業の意思決定
　　について理解を深める。
(3) 教科書：ジョン・ダニエル＆リー・ラデボー著
　　　　　　『国際経営：環境とオペレーション
　　　　　　(International Business: Environments and Operations)』ケース（テキストの各章に掲載されている）」
(4) 補助教材：例，HBR (Harvard Business Review)
(5) 教授法＊：
　　① 講義：
　　② ケース・スタディ：各章毎のケース　　　　　約20回

③ プロジェクト：

④ レポート：提出期限 4 月 9 日 金

⑤ 試験：3 回　#1 (2/19)，#2 (4/2)，#3 (5/8)

⑥ ターム・ペーパー：ダブルスペースで最低 10 ページ，最大 15 ページ

(6) 成績＊：

	ポイント	パーセンテージ
：試験 #1	100 ポイント	20%
試験 #2	100 ポイント	20%
試験 #3	100 ポイント	20%
レポート	100 ポイント	20%
クイズ (授業中)	100 ポイント	20%
合計	500	100%

(7) その他 (学生に対する要望などのメッセージ)

　　成功要因：① 毎回出席すること

　　　　　　　② 授業に参加し，他人の意見に耳を傾けること

　　　　　　　③ ノートをとり，復習すること

　　　　　　　④ 新聞・雑誌をよく読むこと

(8) トピックスとアサインメント

月 1/18		序 & 概観	テキスト
水 1/20	1 章：国際経営：概観		pp.5-33
		ケース：「ユーロ・ディズニー」& 討議	
金 1/22	2 章：ビジネスが直面する政治・法律・経済環境		pp.39-57
月 1/25	2 章：ビジネスが直面する政治・法律・経済環境		pp.58-80
		ケース：BATA & 討議	
水 1/27	3 章：ビジネスが直面するカルチャー		pp.83-118
		ケース：John Higgins & 討議	
金 1/29	4 章：国際貿易理論		pp.125-141
	"The Folly of Free Trade"		HBR#1
	"Why protectionalism doesn't pay"		HBR#2
月 2/1	4 章：国際貿易理論		pp.142-160
		ケース：Cahew & 討議	
水 2/3	5 章：ビジネスに政府が及ぼす影響		pp.165-185
		ケース：IDEA & 討議	
金 2/5	5 章：ビジネスに政府が及ぼす影響		pp.165-185
		ケース：Steel Imports & 討議	
月 2/8	6 章：海外直接投資		pp.201-216
水 2/10	6 章：海外直接投資		pp.217-228
		ケース：Electroux Acquisition & 討議	
金 2/12	クイズ "Who is US?"		HBR#3
	"Who is Them?"		HBR#4
月 2/15	7 章：外国為替管理		pp.235-250

水 2/17	7 章：外国為替管理	pp.251-262
	ケース：メキシコペソ & 討議	
	レビュー（まとめ）	
金 2/19	1 回目の試験	
月 2/22	8 章：為替レートの決定	pp.265-282
水 2/24	8 章：為替レートの決定	pp.283-298
	ケース：キャタピラーとドル & 討議	
金 2/26	9 章：フィナンシャル・マーケット	pp.301-318
月 3/1	9 章：フィナンシャル・マーケット	pp.319-337
	ケース：LSI Logic Corp & 討議	
水 3/3	11 章：地域経済連合	pp.283-298
金 3/5	11 章：地域経済連合	pp.301-318
	ケース：NAFTA と討議	
月 3/8	春休み	
水 3/10	春休み	
金 3/12	春休み	
月 3/15	12 章：多国籍企業のインパクト	pp.431-445
水 3/17	12 章：多国籍企業のインパクト	pp.445-458
	ケース：Foreign Real Estate Holdings と討議	
金 3/19	13 章：国際ビジネス外交	pp.431-445
月 3/22	13 章：国際ビジネス外交	pp.463-481
	ケース：ペプシコ・インディアと討議	
水 3/24	14 章：グローバル・オペレーション	pp.405-521
金 3/26	14 章：グローバル・オペレーション	pp.521-534
	ケース：ブラック & デッカー & 討議	
月 3/29	15 章：戦略提携	pp.537-554
水 3/31	15 章：戦略提携	pp.555-567
	ケース：NPC & 討議	
金 4/2	2 回目の試験	
月 4/5	16 章：投資対象国評価と選定	pp.573-588
水 4/7	16 章：投資対象国評価と選定	pp.588-608
	ケース：三井イラン & 討議	
金 4/9	17 章：コントロール	pp.609-627
月 4/12	イースター休み	
水 4/14	17 章：計画と戦略	pp.628-648
	ケース：ウエスィング・ハウス & 討議	
金 4/16	ビデオ・フィルム	
月 4/19	18 章：マーケティング	pp.655-676
水 4/21	19 章：マーケティング	pp.676-694
	ケース：ペリエ & 討議	

金 4/23	19 章：多国籍企業の会計と課税に関するイシュー	pp.699-715
月 4/26	19 章：多国籍企業の会計と課税に関するイシュー	pp.716-729
水 4/28	20 章：多国籍企業の財務構造	pp.731-757
	ケース：欧州におけるヒューレット・パッカード	
	—キャッシュ・マネジメント戦略—& 討議	
金 4/30	21 章：国際人的資源管理	pp.761-780
月 5/3	21 章：国際人的資源管理	pp.781-799
	ケース：The Office Equipment Company & 討議	
水 5/8	3 回目の試験（09：00 から）	

出所：ジェッフ・アーバイン教授（USC）配布シラバス

「教科書」：

　MIBS（国際経営学修士課程）は，実務の世界で活躍できるビジネス・パースンを養成すること，を目的としている。国際ビジネス・パースンともなれば，グローバルな視点から，企業全体のことを把握せざるをえず，国際貿易の知識をもたないビジネス・パースンや，異文化への理解をもたないビジネス・パースンでは，グローバルな経営はおぼつかない。MIBS の卒業生が，卒業後働くであろう企業は，おそらく海外事業に力をいれている企業であろう。したがって，卒業後どこの企業に勤めてもある程度共通な知識や考え方にたてば，学生が「教わらなくてはならないこと」を教授しなくてはならないし，教科書も標準的なテキストが使われることになる。ジョン・ダニエルの『インターナショナル・ビジネス』は，インディアナ大学をはじめ多くのスクールで，代表的なテキストに指定されており，数年ごとに版を重ねている。多くのスクールで採用されているからこそ，新しい理論，トピックスや，ケースがテキストに反映された内容に改訂されている。

「リーディングス」：

　履修する学生は，テキストだけでなく，指定された論文を読み，授業に臨むことが求められる。論文には，ハーバード・ビジネス・レビュー（HBR），カルフォルニア・マネジメント・レビューなどに掲載された論文が使われている。

「補助教材」：

　効果的な授業を行うために，視聴覚教材やテスト問題，インストラクターズ・マニュアルが用意されている。特に，視聴覚教材のビデオは，学生が各章ごとにケースを分析する際に，ケース内容を理解するうえで効果的な教材である。

「ケース」：

　授業で使われるケース例を示す。

　ケース「Euro Disney」は，「ディズニーランド」の海外市場への参入に関するケースである。外国市場に参入する方式としてライセンシング方式で日本に参入し，大成功をおさめたディズニー社は，より多くのステークを獲得するために，合弁形式によるヨーロッパ（フランスか，それともスペイン）への参入を計画する。そして，参入後の業績に影響を与えた要因を分析する。

「プロジェクト」：

　前章コース・デザインⅠで説明したように，講義（L），ケース・スタディ（C），プロジェクト方式を組み合わせたプログラムより構成されている。すなわち，授業の前半は講義，中間からその応用としてのケース・スタディと討議，ときには「クラス・プロジェクト」が各学生に割り当てられる。この場合，数名のメンバーから構成されるプロジェクト・チームが編成され，各チームはケースを分析し，問題点を把握し，解決策を提示するなど，十分な準備をして報告する。その後，質疑応答（文字通りオフェンスとディフェンス）が行われる。指名されたチームは，20～30分前後の時間制限のなかで，報告を行う。プレゼンターの発表は，「問題の解決策は，現状認識，問題把握，実行可能な解決策の提示，そして最終選択案とその理由」，という順序で行われる。報告が終了すると，他の学生たちは挙手して質問する。ポイントをついた質問をすると，その質問者に評価点が与えられる。また，学生からの質問に対して，プレゼンターも反論しなければならない。

　最後に，教師が総評を行い，報告は終了する。報告終了後一定期間（例，1

週間以内）にその報告内容をタイプして提出する。

「学生に対する評価」：

　シラバスをみて，ある科目が出席点やレポート提出のみで評価されるようなスクールは敬遠すべきである。単にクラスに出席し，レポートを提出しただけで評価されるようでは，あまり学ぶ価値もない。なぜなら，クラスにどれだけ貢献できたか（Class participation）が重要だからである。一般的に，評判の高いビジネススクールでは，学生のクラス参加度，クラス・プロジェクト，ケース・レポート，ケース試験により学生を総合的に評価している。授業科目「インターナショナル・ビジネス」では，授業中に実施される数回のクイズ，3回の試験，期末レポートにより学生は評価される。

「学生による授業評価」：

　ビジネス・スクールにおける学びの主体は，学生である。そして，それを支援するのが教師の役割である。教師による学生への教育およびその内容は，学生の学びに資するものでなければならない。この目的に沿って，教師の教授活動は，学生によって評価される。

「カリキュラム編成」：

　ビジネススクールは，プロフェッショナル・スクールであるため，キャリアの異なる学生が入学してくる。したがって，「会計学」を履修していない学生に対しては，入学する前から，例えば，ロバート・アンソニーの『エッセンシャルズ　オブ　アカウンティング（Essentials of Accounting）』などのテキストを自習することを求めたり，入学前の夏学期の授業（サマープログラム）の受講を，学生にすすめている。

　ところで，サウス・カロライナ大学のカリキュラム編成は，

　基礎科目「インターナショナル・ビジネス」，

　中級科目「インターナショナル・マーケティング」，

上級科目「アドバンスト・マーケティング」と履修順序に配慮されている。
このようにカリキュラムに履修順序や階層性が記述されており，「インターナショ
ナル・ビジネス」の基礎科目を履修した後，「インターナショナル・マーケティ
ング」などを受講することにより，学生は系統的にかつ十分な理解が可能とな
り，学習効果も高くなる。

「代表的な教科書」：

　アメリカの大学には，どの科目にも優れた教科書が複数存在する。ジョン・
ダニエル編集の『インターナショナル・ビジネス』は，インターナショナル・
ビジネス全体の内容が網羅されており，また「EURO Disney」などのケースや，
演習問題が含まれ，かつビデオ教材や，インストラクターズ・マニュアル（含
むCD-ROM）も完備したテキストである。なお，ジョン・ダニエルが薦めてい
る学部生向けテキストには，以下のものがある（図表10.3）。

図表10.3　インターナショナル・ビジネスのテキスト

1. Rugman, Alan M. (Tront 大学), Richard M. Hodgetts (Florida・International 大学), *International Busines-A strategic Management Approach-*, Macgraw Hill.
2. Czinkota (George Town 大学), Ronkainen (George Town 大学), Moffett (Oregon 州立大学) *Internationl Business*, Dryden.
3. Punnett, Betty Jane (Windsor 大学) David A. Ricks (AGSIM), (American Graduate-School of International Management) *International Business*, Wadsworth Publishing Company.
4. Gross, Robert (AGSIM) Duane Kujawa (Miami 大学) *International Business-Theory and Managerial Applications-*, Irwin.

出所：FDIB (South Carolina 大学) で展示されていた代表的テキスト（の一部）。筆者も購入

　次に，サウス・カロライナ大学コロンビア校 FDIB プログラムの「国際マー
ケティング」のシラバスを紹介する（図表10.4）。

図表 10.4　サンプル・シラバス 1

---

(1)「国際マーケティング」　　　　　　　　　　サミー教授（USC コロンビア）

(2)「コース目的」：このコースは，国際マーケティングに対する十分な理解を得ること，を目的としている。国内および国際マーケティングにおけるフレームワークには，大きな違いはない。それゆえ，授業は国内マーケティングの問題から国際マーケティングへと，授業は展開する。コースの主要目的は，マーケティングと意思決定に大きな影響を及ぼす国際経営環境に焦点をあてる。そこで，世界経済の動向や貿易に案する条約についても学習する。また，授業はケース・スタディに重点をおいている。ケース・スタディは，意思決定の演習や，戦略計画を立案したり，国際市場を分析したり，国内ないしは国際マーケティングの問題を考えるうえで有益である。

(3) 教科書：ブライアン・トイン＆ピーター・ワルタース著

『グローバル・マーケティング―戦略的視点―』Allyn & Bacon

(4) 補助教材：いろいろな論文を配布する。

「リーディングス」例：サミーとジェオン（Samee & Jeong）やグリーンとホワイト（Green & White, "Methodological Considerations in Cross-National Consumer Research"）の論文では，消費者行動調査の場合の考慮すべき点（リサーチ手法，カルチャー，コンテンツ，広告媒体）と問題点（測定方法）をあげている。例えば，リサーチのためのサーベイ手法一つをとっても，質問表のなかのある項目をある言語から他の言語に翻訳する際に生ずる問題（誤訳，解釈，回答方式の設計）がある。また，データを収集する方法には，電話，郵送，街頭によるインタビュー，面談調査があり，国によってはうまくデータを収集できない場合もある。Hofsted の論文は，50 カ国においてサーベイした結果（組織における個人，リーダー・シップ，パワー，リスク，モチベーションに関する態度）をグルーピングしている。

「ケース」：使用するケースのサンプルを示す。

ケース例：「ニッポン・ビックス株式会社[3)]」には，アメリカ企業（企業名は仮装されているが日本 P & G）が，ターゲットである日本の若者を対象とした商品"にきびとり"に対するマーケティング政策が記述されている。ケースには，アメリカと日本の消費者行動および文化的違い（商品に対する認知から購買に至るプロセス）を認識せずに，アメリカ流のマーケティング政策（とくに広告政策）を実施したが，なぜ日本（相手国）でうまく行かなかったか，その要因を分析する。

ケース例：「The British Airways[4)]」

1983 年英国航空は，広告会社サーチ＆サーチ（SAATCHI & SAATCHI）に，英国航空のブランドやイメージ・アップをはかるための広告を依頼した。その結果，

① 英国航空のブランドとイメージをプロモートする TV 広告（ニューヨークのマンハッタン島に着陸するシーン ｜日本でもオンエアーされた｜，戦時中の映画を想起させるカサブランカでの旅客機のシーン），

② ビジネス客をターゲットにした雑誌広告（他社便のビジネス席よりワイドを強調），

③ レジャー客をターゲットにした新聞広告（低価格を強調した Great Britain Great Price $549 roundtrip and only $18 a day for a hotel）が作成された。

ケースは，グローバル・マーケティング，特にサービス業におけるグローバル広告の有効性─例えば，企業イメージはグローバル化できるか─，を問う。

「ビデオ教材」例：アメリカ・中南米・英国・日本・中近東（エジプト）・象牙海岸における「ヨープレイト」の TV 広告や，英国・ロシアにおける「リーバイ・ストラウス」の TV 広告を視聴し，国やターゲットによる TV 広告の違い（適応）と標準化に関する討議を行う。

例："The Japan they don't talk about"，日本における商慣習やビジネス活動の違いを紹介する。

(5) 教授法：講義，ケース・スタディ，スライド・フィルムを使う。

ケース討論：クラス討議の際，クラス・メンバーによるショート・プレゼンテーションがある。

ケース・レポート：アサインされたレポート 4 件を提出する。

リサーチ・プロジェクト&レポート：プロジェクトは，ある国における市場評価と参入アセスメントに関するものである。

(6) 成績評価：テスト，リサーチ・プロジェクト，ケース・レポートとクラス参加度（貢献度）による評価

中間試験	15%	ケース・レポート	20%
最終試験	25%	クラス参加	15%
リサーチ・ペーパー	25%		

(7) スケジュールとトピックス

日時	章	トピックスとケース
1/18	第1章：	グローバル・マーケティングマネジメント概観
	第5章	コーポレイト・グローバルマーケティング戦略
		グローバル・セグメンテーション戦略とマーケティング・アプローチ
1/25	第8章：	カルチャー
		カルチャーが購買行動および交渉に与える影響
		ケース：ニッポン・ビックス
2/1	第2章：	グローバル・ビジネス・オペレーションの形態と理論，国際貿易理論，バランス・オブ・ペイメント，海外直接投資理論
		フィルム："Japan they don't talk about"

2/8	第6章：グローバルな環境要因
	第7章：国際環境と制度（GETT，地域発展と経済統合，フィナンシャル要因など）
	相手国の環境要因（政治，経済，貿易，法律）
	ケース：日産自動車
2/15	2/18 金の準備
2/18	第9章：海外市場機会のアセスメント・プロセス
	ケース：インドネシア P.T 食品
	"Customizing Global Marketing" HBR
2/22	第3・4・5章：グローバル・マーケティングと戦略的マーケティング計画
	ケース：Rival International
3/1	第10・11章：市場機会の測定とマーケティング・リサーチに関するイシュー
	"Methodological consideration in Cross-Cultural Research", JIBS
	（Journal of International Business Studies）
3/15	中間試験
3/22	第12・13章：グローバル製品政策
	ケース：ジレット・インターナショナル
3/29	第14章：グローバル価格戦略
	ケース：Aurora Lotion
4/5	第15章：グローバル流通戦略
	ヨーロッパにおける小売り革命
	ケース：FNAC
4/12	第16章：グローバル・プロモーション戦略
	グローバル・コミュニケーション・プロセス
	"Beware of customizing global marketing" HBR
4/19	第17章：輸出プロセスと輸出マーケティング・マネジメント
	第18章：輸出プロセスを含む組織，グローバル・マーケティングのコントロール
4/26	オープン
5/3	最終試験　ケース分析レポートを提出

出所：サミー教授（USC，コロンビア）配布シラバス

つぎに，アリゾナ州フェニックスにある AGSIM における FDIB プログラム[5]，シュレジェルミルヒ教授「インターナショナル・マーケティング・マネジメント」のシラバスを紹介する（図表10.5）。

図表 10.5　サンプル・シラバス 2

---

(1)「インターナショナル・マーケティング・マネジメント」

担当：シュレジェルミルヒ (Schlegelmilch) 教授

(2) コース目的：このコースは，あなたのマーケティングにおける意思決定能力を高めること，さらにケースを分析し，まとめる能力と，プレゼンテーション能力の向上を目的とする。また，ケースの多用により，国際マーケティング問題に取り組むためのコンセプトと，ツールをマスターする。

(3) テキスト：ダグラス，スザーン，サミュエル著『グローバル・マーケティング戦略』MacGraw-Hill

(4) 補助教材：授業中，いろいろな論文を配布する。

「ケース」：使用するケース・サンプルを示す。[6]

ケース例："Pharma Swede: Gastrup"

　　　スウェーデンの製薬会社ファラム (Pharam) 社はイタリア市場で自社製品を販売している。しかし，他国で販売している同社製品が並行輸入され，安価な価格で販売されている。並行輸入の問題にどう対応するか，同社の首脳は問われている。

ケース例："Colgate-Palmolive: Cleopatra"[7] コルゲート・パームオリーブ社は，フランスでの成功をもとに，クレオパトラ・ブランドの石鹸をカナダ市場で発売しようとした。その際，クレオパトラに対する事前調査をトロントおよびオンタリオで実施し，オンタリオ州では好意的な評価を得た。しかしながら，同製品発売後，ケベック州ではその売れ行きは良くなかった。同社首脳は，その失敗を認め，マーケティング政策を変更すべきかどうか，の決断が問われている。

「ビデオ教材」：ケース「日本ケンタッキー・フライド・チキン」[8] は，日本に進出した際に生じた問題（経営戦略―フランチャイズ方式―，海外進出方法―現地企業三菱商事との合弁―，本社と子会社との関係―本国中心か，それとも受入れ国中心の経営か―，本国と異なった環境での経営）を討論する。このケースに関連したビデオ教材がある。

(5) 教授法：授業はセミナー方式で進める。したがって，授業出席とケース討議における参加は不可欠である。

(6) 評価：クラス参加　　　　　　　　　　20％
　　　　　クイズ（テキスト，教材）　　　10％
　　　　　試験（ケース分析）　　　　　　35％
　　　　　グループ・プロジェクトレポート　20％
　　　　　グループ・プロジェクト発表　　15％

「クラス参加」：授業には，アサインされたケース，あるいはリーディングスに関するイシューを，クラス討論するために十分な準備をして臨むこと。ときには，ケースの設問をEメールで送ることもある。その返答は，

　　　　2ページ程度の回答の提出を義務づけることもある。返答した場合，クラス評価に反映されるが，評価に占める割合は，全体のおおよそ10％程度である。過去のクラス評価から全体の10％程度の学生は，C（可）あるいはD（不可）である。

「クイズ」：教科書（Douglas, Kein & Peterson）に掲載されている。

　　　　クイズは，クラスの最初に実施することもある。クイズは，1〜2ページ程度で，なかにはマルティプル・チョイスのテストも含まれる。

「レポート試験」：配布したケースを自宅で分析し，5日後に提出すること。学生は試験期間中にケースを受け取り，アサインされた設問に答えること。ケース分析は，ダブル・スペースで最高6ページ程度，これに計算と仮定，図表を添付することを認める。なお，5％程度の学生はC（可），あるいはD（不可）の評価である。

「クラス・プロジェクト」：クラス・メンバーの中から5〜6人のチームを編成し，外国市場参入に関する国際マーケティング戦略計画を作成する。プロジェクト結果は，クラス全員のまえで，メンバー全員で発表する。評価はグループ単位。

(7) スケジュールとトピックス

日時　　　章　　　　　　　　トピックスとケース

09/02　　　　休日

09/04　　　　インターナショナル・マーケティングとケースメソッド
　　　　　　　"Marketing decision making and Case analysis"

09/09　第1&2章　グローバル・マーケティング戦略
　　　　　　　ケース："Ingvar kamprad and IKEA"
　　　　　　　スウェーデン最大の家具販売会社 IKEA 社は，イギリス，イタリア，アメリカ，および東欧州に進出する

09/11　第4章　講義（グローバル・マーケティング戦略），と討議
　　　　　　　株主による評価との関連
　　　　　　　戦略的選択肢の作成と評価

09/25　　　　ケース・スタディ

09/30　第3章　市場分析
　　　　　　　ケース "AB Bacho Tools"

10/02　第3章　市場評価
　　　　　　　ケース："Dowbrands Ziploc"

10/07　第6章　市場参入戦略
　　　　　　　ケース："Lestra Design"

10/09　第7章　講義&討議
　　　　　　　市場参入モデル

10/14　　　　市場参入戦略
　　　　　　　ケース："Mary Kay Cosmetics"

10/16　第9章　製品戦略

```
                  ケース："Automobel（a）"
10/21  第10章　製品戦略
                  ケース："SWATCH"
10/23  第10章　価格戦略
                  ケース "Interactive Computer Systems"
10/28        価格戦略
                  ケース："Pharma Swede Gastrup"
10/30  第9章　流通戦略
                  ケース："Levi-Strauss Japan"
11/04  レポート宿題：ケース・スタディ
11/06  ケース・スタディ
11/11  第10章　コミュニケーション戦略
                  ケース："Colgate Palmolive Cleopatra"
11/13  第5&8章　講義＆討議
                  グローバル・マーケティング戦略の作成
11/18  リザーブド・ブックあり（図書館貸し出し）
                  実行可能なマーケティング戦略の作成
                  ケース："Lenor Refill"
11/20  第14章　講義＆討議
                  組織戦略と構造とのリンク
11/25  第15章　実行とコントロールに関するイシュー
                  ケース："Nestle International"
11/27        予備日（プレゼンテーション準備）
12/02        学生によるプレゼンテーション
12/04        学生によるプレゼンテーション
12/11  第16章　コース要約：このコースから学んだこと
```

出所：シュレジルミルヒ教授配布

「クラス・プロジェクト」：

　　授業の進め方の一つに「クラス・プロジェクト」がある。サウス・カロライナ大学大学院の授業で実施したクラス・プロジェクトである。

　①クラス・プロジェクト #1：企業は，市場機会を識別する前に，予備的な
　　国単位のスクリーニングを行う。学生は国，例えばポーランドとハンガリー，
　　インドと中国，ブラジルとメキシコ，マレーシアとタイのいずれかを選び，
　　いくつかの指標を利用してスクリーニングする。これら指標には地理的
　　要因，政治的要因，経済的要因，カルチャー・社会的要因，マーケット

要因を使う。

② クラス・プロジェクト #2：ある開発途上国（例，ハンガリー，チェコ，ブラジル，メキシコ，パナマ，ナイジェリア，ガーナなど）を選び，知的所有権に関する法律や特許を調査する。

③ クラス・プロジェクト #3：2国（例，ドイツとハンガリー）で販売されている2製品（例，化成品，靴）を取り上げ，市場における比較優位を創出している要因（例，人件費，労働時間）を分析する。

④ クラス・プロジェクト #4：ある製品（例，男性および女性スーツ）を取り上げ，カルチャー（例，日本）がスーツの購買に与える影響を分析する。

「ビデオ教材」：

　R. HISE（テキサスA＆M大学マーケティング教授）が作成した国際マーケティングに関するビデオ教材集（Inventory of International Marketing Video Tapes and Films），例えば，「ケンタッキー フライド・チキン・ジャパン」のケースの補助教材として，VTR, "The Colonel goes to Japan" がある。

「教材」：

　国際マーケティングを効果的に教えるうえで優れた教材や，ビデオ（Teaching Tools, International Marketing Video tapes and flim catalog）が欠かせない。

　ルイジアナ州立大学のオルセン（J. E. Olsen）は，教育研究論文（J. E. Olsen, "Creating the Interest in the Japanese market in International Marketing Courses", In *Great Idea for Teaching Marketing*）のなかで，国際マーケティングを教える際，日本市場における PX（仮装）社のケースを取り上げている。

　PX のマーケティングがうまくいかなかった原因，

　価格：低価格政策に対する消費者に否定的態度，

　販売チャネル：低マージンによる小売・流通業者から受け入れられなかった，

　製品：消費者が環境問題にセンシティブになっているにもかかわらず，無燐製品であることをアピールしなかった，

　広告：女性に受け入れられなかった広告をあげ，アメリカと日本における市

場の違いを中心に講義している。

　その後，日本市場で成功した企業として，エイボン，ケンタッキー・フライド・チキン，ジャック・ダニエル・ウイスキー，ロータス・ソフトウエアの例を紹介し，学生にインターナショナル・マーケティングの面白さを伝えている。

　この他，マーケティングを教えるうえでの優れた教材として，Hair, Joseph Jr., Charles W. Lamb and Carl McDaniel (1992), *"Great Ideas for Teaching Marketing,"* Cincinnati, Southern Publishing Co., Chapter 9, pp.192-206, をあげている。

「代表的教科書」：

　代表的テキスト[9]として，

① カテオラ『インターナショナル・マーケティング』

② ロンカイネン他『インターナショナル・マーケティング』

③ テプストラ他『インターナショナル・マーケティング』などがある。

「授業の違い」：

　ここで，同一科目名「国際マーケィング」の評価を比較してみよう。

（a）サミー教授（USCコロンビア）の「国際マーケティング」は，L「講義」とC「ケース・スタディ」のミックスした授業であるが，やや「講義」方式にウエイトを置いている。

　　　評価のウエイトは，①2回の試験　　　　　　40％

　　　　　　　　　　　　②リサーチ・ペーパー　　25％

　　　　　　　　　　　　③ケース・レポート　　　20％

　　　　　　　　　　　　④クラス参加　　　　　　15％である。

　　　試験（2回，40％）とレポート（リサーチ・ペーパーとケース・レポート，45％）評価で，全体の85％を占めている。

（b）また，シュレジェルミルヒ教授（AGSIM）の「国際マーケティング・マネジメント」は，C「ケース」と討議と，L「講義」のミックスした形態であるが，試験（ケース分析）と，グループ・プロジェクト（35％）に重点

（70％）が置かれている。

評価のウエイトは，① 試験（ケース分析）　　　　　　　35％
　　　　　　　　　② グループ・プロジェクトレポート　20％
　　　　　　　　　③ グループ・プロジェクト発表　　　15％
　　　　　　　　　④ クラス参加　　　　　　　　　　　20％
　　　　　　　　　⑤ クイズ　　　　　　　　　　　10％である。

　どちらの授業も，ケース試験に評価の重点がおかれている。一方，クラス参加による評価は，15〜20％と予想以上に低い評価になっている。

　この章で取り上げたシラバス，例えば，ジョン・ダニエル教授の「国際経営」の授業では，おおよそ数ページにおよぶ詳細な1学期分のシラバスを作成するのに，おそらく1週間以上はかかるであろう。しかも，ジョン・ダニエル教授の「国際経営」の授業を受講した経験から，日本の大学教員が，上記のようなシラバスに沿って授業を運営できるか，疑問である。

　また，FDIBプログラム[10)]では，国際経営の分野のカリキュラムを体系化し，ビジネス・パースン，および国際経営研究を志す人たち（例，既存教員の国際経営分野担当教員へのシフト）の教育に十分な時間を割いている。このような優れた教員を育てるプログラム（FD）は，わが国には存在しない。[11)]

　なお，この章が，シラバスの設計に際して，経験の浅い教師の参考になれば幸いである。

注・引用文献

1) Indiana University, Graduate School of Business, Bloomington, 1997-1998, "Doctorial Teaching Seminar I & II" 博士課程の選択科目を受講した。受講生は約20〜25名，教育内容は，教育理論，教育方法，教員によるデモンストレーション，学生による模擬授業，評価，職業倫理，ケース分析と討議，レポート提出など。
2) アメリカでは，グローバル化する市場への対応に関する法律（The Omnibus Trade & Competitiveness Act of 1988）に基づき，国際経営に明るい人材の育成

と教育研究の強化のための組織 CIBER (Centers for International Business Education and Research) が，28 の大学に設立されている。

　サイバー (CIBER) は，①国際経営の研究と教育を推進する，②企業の現場において必要とされる専門能力を提供し，国際経営学修士の学位を授与する，③アメリカ企業の国際市場での競争優位をもたらすような研究と教育を推進する，などを目的とし，アメリカ教育省 (The U. S Department of Education) からの助成を受けている。こうしたコンセプトを基にして，主要校であるサウス・カロライナ大学は AACSB (The American Assembly of Collegiate School of Business) との共催で大学行政関係者を対象とした 2 日間のセミナー「ビジネススクールを国際化するマネジメント・セミナーを設けている。

　それは，①国際経営プログラムを推進する戦略，②教員の国際化と海外交流プログラムの組織化，③国際化を進めるに必要な資金計画，④国際活動の組織化，⑦各スクールのニーズに基づいた国際化プログラムを成功裏に推進するためのセッション，である。

　その一環として，AGSiM (通称サンダーバード)，サウス・カロライナ大学院をはじめとする FDIB (Faculty Development Program in International Business) プログラムがある。

このプログラム (5 日間) には，

①インターナショナル・ビジネス*
②インターナショナル・マーケティング*
③インターナショナル・マネジメント*
④グローバル・オペレーション＆サプライチェイン・マネジメント*
⑤インターナショナル・ネゴシエイション*
⑥インターナショナル・アカウンティング
⑦インターナショナル・フィナンシャル・マネジメント
⑧インターナショナル・ビジネス・サーベイ (入門)
⑨インターナショナル・ビジネス理論 (研究者向け)

夏期は英語，冬期はスペイン語 (中南米参加者のため) によるプログラムである。対象者は，大学 (学部)・大学院担当教員向けである。

　なお，＊印は，筆者が 1990 年代から 2000 年代前半に参加したプログラムである。

場所：USC (University of South Carolina, Columbia 校)

3) Jeannet (IMD) & Hennessey (Babson) (1992) *Global Marketing Strategies*, Houghton & Mifflin, Case, *Nippon Vicks K. K.*：676-705.

4) Quelch, J. A. (HBS) & P. W. Farris (1994) *Cases in Advertising and Promotion Management-Fourth Edition-*, Irwin：80-102.

Case, *British Airways*, HBS, Case No.9-585-014.

5）FDIB（Faculty Development Program in International Business）
　　プログラム（3 日間）には,
　　① グローバル・ビジネス
　　② インターナショナル・マーケティング＊（筆者参加）
　　③ インターナショナル・マネジメント
　　④ インターナショナル・フィナンシャル・マネジメント
　　⑤ 国際情報とテクノロジー・マネジメント
　　⑥ ロシアと東ヨーロッパにおける民営化
　　⑦ 21 世紀における国際貿易問題
　　⑧ アジアにおける成長する市場：中国・インド・ヴェトナム経済とグローバル化
　　⑨ アジアーパシフィック地域の経営
　　⑩ アメリカ企業と国際競争
　　⑪ グローバルなコンフリクトに建設的に対応するマネジメント
　　⑫ メキシコ, ロシアと中国におけるフィナンシャルおよびポリティカル・リス
　　　クマネジメント
　　⑬ インターナショナル・リスクマネジメントとインシュランス・セミナー
　　⑭ カウンター・トレードおよびグローバル・チーム・ビルディング
　　⑮ 南アメリカ諸国への輸出—小規模企業対象
　　⑯ アメリカ・ヒスパニック市場に対するマーケティング・セミナー, がある。
　　なお, ⑤から⑯は固有（地域研究）のプログラム
　　場所：AGSIM キャンパス（アリゾナ州フェニックス）
　　このほか, FDIB プログラム（3 日間）には,
　　① インターナショナル・ヒューマンリソース・マネジメント＊（筆者参加）がある。
　　場所：コロラド大学デンバー校
　　　これらプログラムの「インストラクター」の大部分はアメリカ人であるが, イ
　　ンターナショナル・ファイナンスや, インターナショナル・マーケティングなど,
　　経験が重要視される科目では, 世界銀行に勤務していた教授（クリス・コース）,
　　香港系中国人（チャック）や, マーケティングではイラン人（サイード・サミー）
　　や, マレー系中国人（黄）, また, 国際的資源管理（コロラド大）では, AIM
　　（Asian Institute of Management）のヒロ（フィリピン）などさまざまな国の出身
　　者が担当していた。
　　　＊印は直接受講し, 修了証を授与された。各コース参加費 15 万円である。
6）Kashani, Kamran（IMD）（1992）*Managing Global Marketing Cases and Text*,
　　PWS-Kent, Case, Pharma Swede: Gastrip：279-300.
7）Kashani, Kamran（IMD）（1992）Case, Colgate-Palmolive Cleopatra：167-188.
8）Bartlette, C. A. Case, *Kentucky Freid Chicken (Japan)*, HBS Case No.9-387-043.
9）テキスト例：

① Philip R. Cateora（Colorado 大学），*International Marketing*, IRWIN（学部向け）

② A. Ronkainenn & M. R. Czinkota（George Town 大学），*International Marketing*, Dryden（学部向け）

③ Vern Tepstra（Michigan 大学），Ravi Sarathy（North Eastern 大学），*International Marketing*, Dryden（学部向け）

④ M. Kotabe（Temple 大学），Helsen（香港科学技術大学），*Global Marketing Management*, Jon Wiley & Sons（大学院向け）

⑤ J. E. Austin（HBS）& T. O. Kohn（Boston 大学），*Strategic Management in Developing Countries-Case studies-*，The Free Press（大学院向け）

10）百海正一（2003）「国際経営におけるファカルティ・ディビロップメント・プログラム」『商経論叢』39-1，神奈川大学経済学会。

11）田口真奈・出口康夫・京都大学高等教育研究開発推進センター編著（2014）『未来の大学教員を育てる―京大文学部プレ FD の挑戦』勁草書房。

補足：筆者が作成したケース・ティーチングのシラバス概要を掲載しておく。
　　　タイトル：ケース・ティーチング
　　　目的：ケース・ティーチングに必要な知識を学習し，かつ模擬授業を通してティーチング・スキルを修得する
　　　概要：ケース・ティーチングに必要なティーチングノート・ノートを作成する，ノートをもとにケース・プランを作成する。プランを参考にして，模擬授業を行う。
　　　スケジュール：第1回；講義，授業の準備，
　　　　　　　　　　　　　　演習1（ケース分析，初期のノート作成，討議）
　　　　　　　　　　第2回；ケース・プランの作成，討議プランの概要と方略
　　　　　　　　　　　　　　演習2　各自分析ノートから，ケース・プランを作成・提出
　　　　　　　　　　第3回；ケース討議授業の基礎，質問戦略
　　　　　　　　　　　　　　演習3　ケース討議に必要な質問リストの作成・提出
　　　　　　　　　　第4回；ケース討議授業Ⅰ
　　　　　　　　　　　　　　講義，演習4　モデル案の作成
　　　　　　　　　　第5回；ケース討議授業Ⅱ
　　　　　　　　　　　　　　演習5　各自提出したモデル案を討議
　　　　　　　　　　第6回；ケース討議授業Ⅲ
　　　　　　　　　　　　　　演習6　模擬授業の実施
　　　　　　　　　　第7回；授業の評価
　　　　　　　　　　　　　　講義，演習7　ケース討議
　　　　　　　　　　第8回；以下省略
　　テキスト：筆者『ケースメソッドによる学習』『ケースメソッド・ティーチング』
　　　　　　　『ケース・ライティング・プロセス』経営学会報告資料
　　ケース教材；略

資料I　中央大学「ケースメソッド」シラバス

科 目 名	ケースメソッド
担 当 者	百海正一
目　　　的	多くのビジネススクールで採用されているケースメソッド（教授法）を学習し，同時に博士論文の一部を構成するケース教材を作成する基礎を習得する。
概　　　要	ケースメソッド学習法，ケース・ティーチング，ケース教材の作成を中心に講義と演習を行う。
到 達 目 標	ケースを作成する。ケース・ティーチングの基本を習得する。
成績評価の基準と方法	学生自身によるケース作成とティーチングおよび授業への貢献（発言・分析）。おおよそケース開発45％，ティーチング30％，ケース分析と発言25％。
履 修 条 件	特にありませんが，ケースを使った授業に関心のある方。

授業内容

第1回　ケースメソッドとは（ケースとは，講義方式との違い）
第2回　ケース学習のプロセス（ケース分析演習1）
第3回　ケース学習のプロセス（ケース分析演習2）
第4回　ケース学習のプロセス（ケース分析演習3）
第5回　ケース・ティーチング（ケース討論授業の模擬授業）
第6回　ケース・ライティング（ケース作成のヒント，ライティング・プロセス）
第7回　ケース・ライティング（ケース・プランの作成，初期のティーチング・ノートの作成）
第8回　ケース・ティーチング（コース・プランニング，ティーチング・プラン）
第9回　ケース・ティーチング（学生自身によるコース・プランニングの作成）
第10回　ケースを使った色々な教育（ケース・プレゼンテーション，交渉，インバスケット・ゲーム）
第11回　ケース・ティーチング（クラス・マネジメント―評価・フィードバック・考慮すべき事項―）
第12回　ケース・ライティング（ケース作成案の提出，ティーチング・ノートの作成）
第13回　ケース・ライティング（ケースの加筆，ティーチング・ノートの修正）
第14回　ケース・ライティング（ケースの修正＆ティーチング・プランの作成およびクラス・テストの準備）
第15回　学生自身が作成したケースを使ってのティーチング（ケース提出日は後日指定）
　上記の授業計画は，進行状況に応じて変更することがある。

	テキスト：『ケースメソッドによる学習』百海正一（学文社，2009） 参考文献：『Teaching with Cases』J. A. Erskine, M. R. Leenders, L. A. Mauffette-Linders（The University of Western Ontario, 1981） 『Education for Judgment The Artistry of Discussion Leadership』C. R. Christensen, D. A. Garvin, A. Sweet（HBS Press, 1991） 『The Guide to Case Analysis and Reporting』Al Edge（Systems Logistics, 1991）

テキスト・ 参考文献等	『The Art of Case Analysis』R. Ronstadt（Lord Publishing, 1993） 『Mastering Management Education-Innovation in Teaching Effectiveness-』Charles. M. Vance（Sage, 1993） 『Tools for Teaching』B. G. Davis（Jossy-Bass, 1993）あるいは『授業の道具箱』香取監訳（東海大学出版部, 1993） 『Case Study Research 2nd edition』（Sage, 1994）あるいは『ケース・スタディの方法（第2版）』近藤訳（千倉書房, 1996） 『Teadhing and The Case Method（3rd edition）』L. B. Barnes, C. R. Christensen and A. J. Hansen（HBS Press, 1994）あるいは『ケースメソッド実践原理』高木晴夫訳（ダイヤモンド社, 1997） 『The Art and Craft of Case Writing（2nd edition）』W. Naumes & M. J. Naumes（M. E. Sharpe, 2006） 『Research Design Qualitative, Quantitative, and Mixed Methods Approaches（2nd edition）』J. W. Greswell（SAGE, 2009）あるいは『研究デザイン―質的・量的・そしてミックス法』操・森岡訳（日本看護協会出版会, 2008） 『新ケースメソッド―理論と実践―』田代空監修（NPO 法人日本ケースメソッド協会, 2006） 『交渉ケースブック』太田・野村編（商事法務, 2005） 『管理する　ジャパンケースバンク　マネジメントケース集第1巻』吉田・中村編（白桃書房, 2004） 『マネジメント―ケースに学ぶ―』坂井・吉田編（文真堂, 1991）
そ　の　他 特記事項	テキスト以外にケース教材に関する費用が若干かかる。 　　ケースは KBS（慶應）・日本ケースセンター（翻訳），インストラクターや友人が開発したケースを使う予定である。 教材の配布方法について ・授業開始前～履修未確定期間では，「講義紹介」で配布する。 ・履修確定後は，「授業中」に配布する。 ・授業3日前までにアップロードする。 課題・宿題の課題テーマに提示について ・授業ごとの課題・宿題については，締め切り1週間前には課題テーマを提示する。

■ あとがき ■

近年，ビジネススクールと経営教育に関する本が出版されている。

1) *Mastering Executive Education-How to combine content with context and emotion The IMD guide*, IMD edit.（2005）FT Prentice Hall.

2) *Thought Leadership meets Business How business schools can become more successful*, Peter Lorange（2008）Cambridge.

3) *The Future of Leadership Development-Corporate Needs and the Role of Business Schools*, Jordi Canal edit.（2011）IESE Business Collection.

4) *The Learning Curve-How Business schools are Re-inventing education*, Santiago I. Onzono（2011）Palgrave Macmillan.

5) *Rethinking the MBA: Business Education at Crossroads*, Datar, Garvin, and Cullen（2010），Harvard Business Press.

6) *The Business School in the Twenty First Century*, Howard Thomas, Peter Lorange, Jagdish Sheth（2013）Cambridge.

7) *IMD challenging what is, inspiring what could be 75 years*, Jeremy Kourdi edit.（2021）IMD.

これらの本は，主としてビジネススクールの教育と教育行政に関心のある人たち（例，学部長，企業研修管理者，教育コンサルタントなど）をターゲットに記述されている。そのなかで，現在ビジネススクールが直面している諸問題や課題をあげている。

それらには，

a）ビジネススクール産業の成熟化（コモデティ化：標準化それとも差別化か）

b）国際競争力の激化（北米大陸 vs 欧州 vs その他の地域）

c）多様化（多様な学生の入学・多国籍教員の増加）

e）財政上の制約（大規模な IT 投資・キャンパス拡充・中東・アジアへ展開）

f）教員のハイ・モチベーション（ヘッドハンティング）とベテラン教員の不足

g）お粗末な教育（内外からの厳しい評価・ビジネス・ウィークやフィナンシャルタイムズによるランキングと公表）があげられる。

　とくに，経済危機（不祥事）以降，多くの批判を浴びたビジネススクールは，教育のリフォーム，すなわち「カリキュラム」と「コース・コンテンツ」の再考に着手している。

　その要点は，以下の4つ項目に集約される。

　第1は，ビジネス・リーダーの役割である。リーダーに求められているもの（例，職業倫理），責任に対する社会の認識が変わりつつある。

　第2は，カリキュラムのリ・バランシングのニーズである。アカデミックな研究が進み，スクールは学問的な業績をあげてきた。その結果，学生のアナリティカル・スキル（別名，ハード・スキル）は大幅に向上した。

　その逆に，学生のマネジリアル・スキル（doing），態度（being），アイデンティティ，あるいは目的に対する意識を涵養するプログラムは，おろそかにされてきた。それゆえ，経営教育は，① Knowing（例，知識）から，② Doing（例，実行する）と③ Being（例，態度）へと，その重点（ソフト・スキルの開発）がシフトしている。①の分野では，「リスク・マネジメント（例，倫理）」コースの設立と，そして授業で使用する理論モデルや，フレームワークの効果と限界を理解する，次に，いかにして実践に使うか，がコース（コンテンツ）に加わっている。

　第3のテーマは，カリキュラムのリ・デザインに関するものである。それには，幾つかのサジェスチョンがある。どのようなカリキュラムを選択するかのまえに，各スクールは，まず「ミッション，能力，ゴール」を見直さなければならない。同時に，すべてのスクールは2つの取り組むべきプログラムがある。

それは,

① 「思考する, 推論する, 創造的に問題を解決する」スキルに関するものと,

② 「倫理, 責務, 社会的イシュー」に焦点をあてたものである。

　次に, ③ "doing, being" の教育を推進させる。そのためには, 新たな教育方法と手法 (含む, アクション・ラーニング, フィールド経験, 内省的演習) を採用, 継続的に実験的な演習を行うプログラムである。

　さらに, 2年次のプログラムを再考する。それは, カリキュラムをイノベーションする機会でもある。欧州のスクール (例, INSEAD, IMD) は過去の経験から, 2年次のプログラムは不必要である, と結論づけている。

　ただ, 2年次プログラムを創造的に使おうとするならば, 「実験的演習」と「新たなプログラム」を実行する可能性を秘めている。現行のプログラムは, 学生向けに思慮深くデザインされたカリキュラム, 演習と授業科目の組み合わせというよりも, 研究者の関心によって推進された多様なコース (例, シカゴ大学に同一科目名で, 内容の異なる科目が複数存在する) から構成されている, といえよう。

　第4のテーマは, 新たなプログラム (例, doing) 実行へのチャレンジである。プログラムを導入するに際し, システマティックに, かつ経済的に実施できるか, である。これには研究者の不足にもかかわらず, 必要なスキル, 特に限られたマネジリアルな経験と臨床的なトレーニングをもつ研究者 (含む, プラクティショナー) をいかにして確保できるか, である。

　以上のような課題に対して, 生き残りをかけてトップ・スクールは対応しようとしている。

　カリキュラムのリフォームにせよ, コンテンツの大幅な見直しにせよ, これらの課題を克服できるスクールは, 極めて少数である。

　この地殻変動の波に取り残されたスクールは, 地域の消費者ニーズにあったローカル・スクールに留まることになる。

　ところで，アジアのトップ・スクールは，NUS (National University of Singapore) がよく知られているが，日本のスクールは，まったく世界のビジネススクール・ランキングに登場もしないし，話題にもならない。それどころか，ある旧制帝国大学では FD プログラムの導入でさえ，第2の黒船扱いされている。また，1990 年代筆者がマネジメント学会で報告した後，"ケースってなんですか"という質問をしてきた教員がいたことを思い出し，呆然とした"記憶が残っている。それ以前1960年代半ば，某国の駐日大使が，日本の大学を観察し，"Poor Teaching and a little study"とコメントしたことを，いまでも忘れられない。

　最後に，筆者は，民間企業と大学，計35年の教育に携わってきたが，この本が少しでも主たる読者である教員の教育能力と大学の教育力の向上に，そして，その成果であるビジネス・リーダーの育成に少しでも貢献できれば幸いである。

2022 年 11 月 1 日

著者　記す

■ 欧文索引 ■

和文索引

【著者略歴】

百海　正一（ひゃっかい　しょういち）

群馬県（桐生市）出身

BA（ICU），MPA（ICU），MBA（IMD, http://www.imd.org/），Certificate of International Teachers' Program（http://www.itp.schools.com/），於エックス・アン・プロバンス大学院，インディアナ大学ビジネススクール客員教員，Certificate of FDIB（Faculty Development in International Business Studies），サウス・カロライナ大学院コロンビア校など

日本航空（情報システム訓練課），神奈川大学（経営学）を経て中央大学ビジネススクール（大学院戦略経営研究科）博士課程（ケースメソッド）担当，元兼任講師

著　　書：『ケースメソッドによる学習』（学文社，2009）

所属学会：経営情報学会（4），日本経営学会（6），日本経営数学会（4）元理事，日本マネジメント学会（旧日本経営教育学会）（2），WA-CRA（World Association for Case method Research & Application）（3）

注：括弧内は，経営教育・ケースメソッド教育報告回数を示す NACRA（North American Case method and Research Association）元会員，CEEMAN（Central East European Management Development Association）元会員，ケース・センター（UK）会員，日本ケース・センター元会員

関連する協会

・HEAD（自己啓発協会）（http://www.e-head.jp/company）
　佐藤允一（帝京大学名誉教授）設立
　講師（ケース研修・ケース開発）

・NPO 日本ケースメソッド協会（https://www.case-method.gr.jp/）
　（故）田代空（人事院・公務員研修所所長，IUJ 副学長）設立
　講師（元副会長）（短編ケース，イン・バスケット）

現住所

〒115-0053　東京都北区赤羽台4丁目17-18-801

ケースメソッド・ティーチング

2022年11月10日　第1版第1刷発行　　　　　　　　（検印省略）

著　者　百　海　正　一

発行者　田中　千津子　　　〒153-0064　東京都目黒区下目黒3-6-1
　　　　　　　　　　　　　電話　03（3715）1501 ㈹

発行所　株式会社　学文社　　FAX　03（3715）2012
　　　　　　　　　　　　　https://www.gakubunsha.com

ISBN978-4-7620-3163-2